2012
中国风电发展报告

CHINA WIND POWER OUTLOOK

李俊峰 等/编著

中国环境科学出版社 · 北京

摘 要

世界风电发展现状及展望

在许多国家风电强劲增长的带动下，2011年尽管经济持续低迷，全球风电仍表现良好，新增装机达到40 564MW，比去年稍有增加，致使全球累计装机达到238GW，实现了超过20%的年增长，相比2010年同比24%的增幅，全球风电增长速度进一步放缓。

拉丁美洲、非洲和亚洲延续了2010年的发展趋势，正在成为拉动全球市场发展的主要动力。中国和印度仍是亚洲风电增长的主要驱动力，两个国家新增装机容量总和相当于2011年全球总装机量的50%。在拉丁美洲，除了巴西异军突起成为最具潜力市场外， 墨西哥也成为又一市场新秀。非洲各地小型项目蓬勃发展，最令人注目的是南非在经历几年的观望和准备期后，政府终于开始了推动风电发展的现实行动。相比之下，欧洲的发展相对平稳。

海上风电仍是欧洲市场的亮点，2011年全球海上风电新增装机容量约1 000MW，其中90%以上的装机容量发生在欧洲，特别集中在北海、波罗的海、英吉利海峡等地；余下的不足10%主要发生在亚洲，特别是中国。2011年，欧洲海上风电累计装机容量达到3 813MW， 新增装机容量的87%发生在英国，德国在弃核政策的影响下也表现出发展海上风电等可再生能源的更强决心，紧随其后的是丹麦和葡萄牙，罗马尼亚、波兰和土耳其增长强劲。

随着全球市场在2010年后进入平稳增长时期，全球的风电制造企业也进入了市场的拉锯战，一方面确保在已经成形的欧美市场的份额，另一方面把对新兴市场的开拓列为重点。2011年，中国有金风、华锐、国电联合动力、明阳风电四家企业跻身全球销量排名前十，占全球市场总份额的26.7%。世界风电巨头在2011年集中发布了大型风机，特别是大型海上风机，以适应海上风电发展的各种需要。这些风机还需要1—2年的示范应用，预计将在2015年左右批量生产。

未来5年，世界风电市场依然由亚洲、欧洲和美洲主导，但市场份额有所下降，其他新兴市场开始稳步发展，非OECD国家连续两年风电新增装机容量超过OECD国家，这种趋势有望在未来几年加强。2012年全球新增装机容量有望达到46GW，这一数字到2016年将有望达到59GW。全球累计装机容量到2020年有望超过493GW。虽然世界各主要国家都出台了可再生能源激励扶持政策，为可再生能源发展提供了巨大的动力，但核电受阻、碳市低迷、欧债危机、技术进步和成本下降等各种因素掺杂在一起，使得2012年风电发展的环境更加复杂多变。

图表目录

1 世界风电发展现状

1.1 发展综述

在全球经济继续低迷的背景下，全球风电发展在2011年发展势头良好。据全球风能理事会（GWEC）统计数据显示，2011年全球新增风电装机容量达40 564MW；这一新增容量使全球累计风电装机达到237 669MW。在经历2010年全球风电增长放缓后，全球累计装机实现了超过20%的年增长，相比2010年24%的增长率，全球风电增长速度进一步放缓（见表1-1和图1-1）。

2011年全球风电发展的另一个特点是新增装机容量的绝大部分没有发生在经合组织（OECD）国家，而是出现在风电的新市场。拉丁美洲、非洲和亚洲延续了2010年的发展趋势，正在成为拉动全球市场发展的主要动力。中国和印度仍是亚洲风电增长的主要驱动力，两个国家新增装机容量总和相当于2011年全球总装机量的50%。在拉丁美洲，除了巴西异军突起成为最具潜力市场外，墨西哥也成为另一市场新秀。非洲各地小型项目蓬勃发展，最令人瞩目的是南非在经历几年的观望和准备期后，政府终于开始了推动风电发展的现实行动。

与此对照，欧洲的发展基本平稳。在德国议会批准2022年关闭所有核电这一背景下，风电发展具有了更大的市场优势，焕发出新的活力；中东欧国家也正在成为驱动欧洲风电发展的新兴力量。美国在经历了2010年的低谷后，风电发展开始缓慢复苏，然而2012年美国风电产业面临的更加严峻的挑战是风能生产税抵减（PTC）政策是否延续。

到目前为止，全球75个国家有商业运营的风电装机，其中22个国家的装机容量超过1GW。据全球风能理事会的统计，2011年全球风电新增装机排名前十位的国家分别是中国（17 631MW）、美国（6 810MW）、印度（3 019MW）、德国（2 086MW）、英国（1 293MW）、加拿大（1 267MW）、西班牙（1 050MW）、意大利（950MW）、法国（830MW）和瑞典（763MW）（见图1-2）。年新增装机容量超过1GW国家达到7个。中国的装机容量在2010年18GW的水平上略有下降。美国市场从前一年的重创中稳步复苏；印度创纪录地突破了3GW大关；而德国位居欧洲装机容量的首位，装机容量首度超过2GW；英国和加拿大也都突破了1GW装机大关，加拿大年新增市场更是实现了翻番式的突破性增长，使其成为令全球瞩目的风电装机市场。全球前十位国家的装机容量主导着全球88%的风电新增装机市场。

根据全球风能理事会统计，全球风电累计市场排名前十位的国家分别是中国(62 364MW)、美国(46 919MW)、德国(29 060MW)、西班牙(21674MW)、印度(16 084MW)、法国(6 800MW)、意大利(6 737MW)、英国(6 540MW)、加拿大(5 265MW)和葡萄牙(4 083MW)（见图1-3)。这一排名较前一年没有太大的变化，唯一值得指出的是，葡萄牙超越老牌风电大国丹麦跻身全球风电累计排名前十名。尽管如此，丹麦近年来提出的到2020年可再生能源发电达到50%的目标，不容置疑会对丹麦的风电发展提供巨大的推动力量。

表1-1　全球风电市场增长率（2006—2011年）

年份	新增装机/MW	增速/%	累计装机/MW	增速/%
2006	15 245		74 052	
2007	19 866	30	93 820	27
2008	26 560	34	120 291	28
2009	38 610	45	158 864	32
2010	38 828	1	197 637	24
2011	40 564	4	237 669	20

数据来源：GWEC，*Globle Wind Report 2011*。

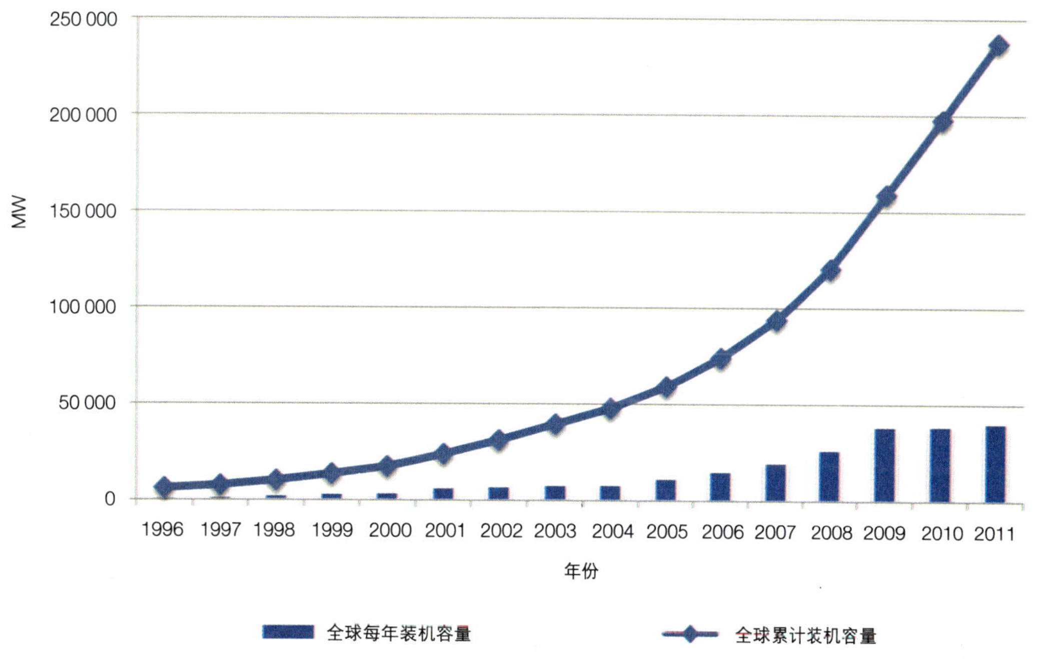

图1-1　全球风电累计和新增装机变化趋势（1996—2011年）

数据来源：GWEC，*Globle Wind Report 2011*。

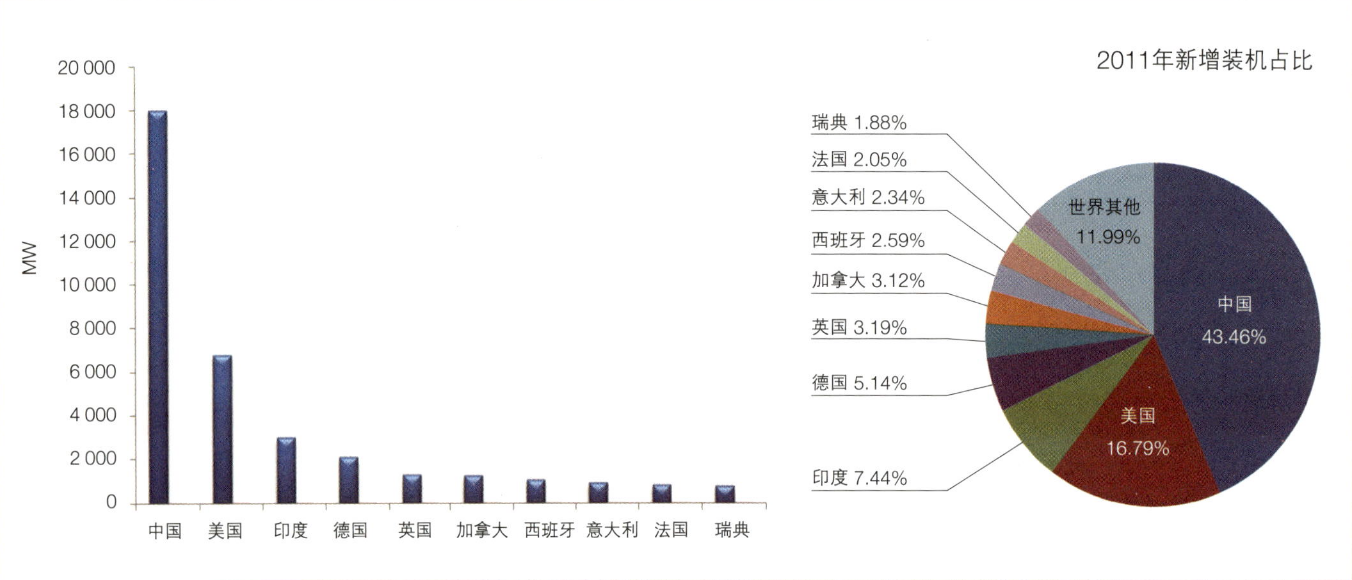

图1-2　2011年全球风电新增装机前十位国家

数据来源：GWEC，*Globle Wind Report 2011*。

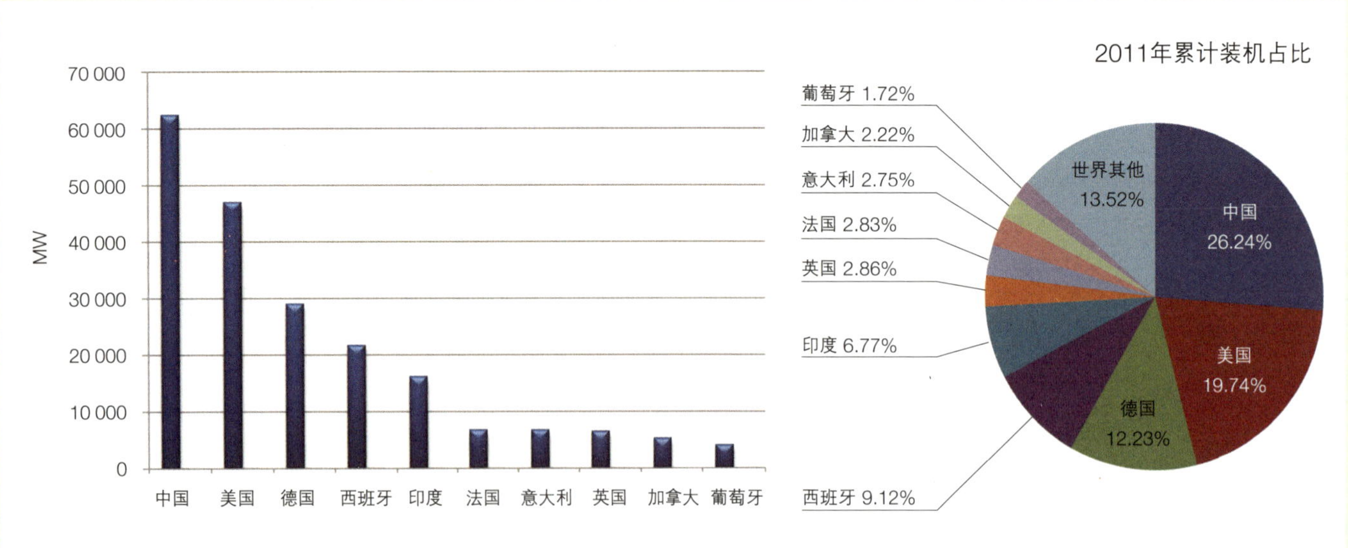

图1-3　2011年全球风电累计装机前十位国家

数据来源：GWEC，*Globle Wind Report 2011*。

1.2 发展特点

在全球性金融危机愈演愈烈的情况下，主权债务危机、欧元区财政失衡、全球经济整体低迷，风电的发展还是取得了满意的发展结果，累积装机量还是在不断提高，同比增长20%，当年新增超过40GW，累计装机容量达238GW。

1.2.1 全球风电进入平稳期

尽管累计总量还在不断增加，但是风电开始从快速发展向稳步发展转变，新增容量的增速开始变缓。从图1-4中可清晰地看到2005—2009年风电经历了快速增长过程，年均增速在30%～40%；从2009年以后，风电的发展速度开始放缓，年均增速降低到6%左右，全球的风电发展已经进入到了平稳期，新增的装机容量保持在40GW左右。

1.2.2 全球区域分布和市场格局保持不变

风电发展的区域分布和格局（见表1-2）没有发生变化，中国、欧盟、美国仍然占据了主导地位，占世界风电累计装机的85%。中国巩固了全球风电领袖地位，2011年新增风电装机达到17 631MW，占全球新增市场的43%，累计装机容量达到62 364MW。由于美国国会延长了风能生产税抵减（PTC）政策，补贴正常将延至2012年年底，这一政策使美国风电市场出现了反弹，2011年新增装机6 810MW，相比上年增幅高达28%。欧洲2011年新增装机10 226MW，累计装机容量达到97 588MW，据欧洲风能协会统计，风电可以满足欧洲6%的用电量。德国和瑞典的陆上风电和英国的海上风电是欧洲风电2011年的主要拉动力，而法国和西班牙与上年相比有所减少。传统市场中德国、英国、西班牙、意大利、法国、瑞典都进入了世界前十。从累计容量上看，德国依然是欧洲风电的老大，紧随其后的是西班牙、英国、法国和意大利。

1.2.3 新兴市场成为拉动全球市场的增长力量

印度、加拿大、巴西等新兴国家成为拉动全球市场的增长力量。其中，印度得益于政府的激励政策，私营投资不断涌入，实现了里程碑式发展，2011年新增装机3 019MW，同比增长50%。拉丁美洲的表现也相当亮眼，新增装机852MW，其中包括巴西的583MW，使其累计容量达到1 509MW。从2009年起，巴西政府已组织了三次大型可再生能源项目招标，其中风电项目是招标项目的重头，这致使越来越多的风电制造商开始进入巴西市场，并且开始在巴西建厂，推动了巴西市场的繁荣。拉丁美洲的另一亮点是墨西哥，2011年墨西哥修订了《可再生能源法》，修订法案将要求相关政府部门制定可再生能源发展的目标和激励机制，此举受到了可再生能源产业的大力支持。2011年墨西哥新增装机容量达到50MW，累计容量达569MW。加拿大2011年风电装机同比翻番，新增装机1 267MW，累计容量达到5 265MW。特别是安大略省，由于2009年推出了清洁能源电力强制上网政策，极大地刺激了风电的快速发展，已经成为全球风电投资的热点地区（见图1-5和图1-6）。

1.2.4 风电装备价格下滑成为全球普遍现象

由于金融危机和不确定因素的影响，2009年风机价格开始下滑，并一直持续到2012年年初。在过去的3年中，全球1.5MW风机的平均价格降低了40%，在2011年甚至达到4 000元/kW以下，中国市场的风电整机产品价格在2009—2010年度已经大幅度下降的情况下，2011年与2010年相比，又下降了12%左右，平均价格低至3 800元/kW。全球整机风机产品均价下降导致企业毛利率收缩，这也解释了为什么全球的风电整机制造企业包括维斯塔斯、金风、华锐、通用、歌美飒等经营效益开始下滑。为应对经济危机下的市场变化和不断上升的竞争压力，国际大公司开始做出调整。尽管2011年维斯塔斯一次裁员3 000人，但依然无法挽回颓势，公司自2005年以来首次出现亏损。苏司兰欲出售资产，华锐、金风的股价大幅度下滑。国内的中小整机厂也开始调整，或考虑退出或停止扩张。

2012年上半年，中国政府针对风机制造和风电并网出台的一系列规范和标准致使风机价格开始趋于稳定，甚至出现一些增长。预计未来2年，中国的风机价格会更加稳定，但欧洲和美国却可能因为产能过剩和风机技术趋于成熟使风机价格继续下降。

1.2.5 海上风电仍是欧洲市场的亮点

海上风电作为全球风电的最新的技术发展趋势，作为未来最有可能降低风电发电成本的新技术一直是全球备受关注的一个热点话题。然而到目前为止，海上风电的装机容量依然不足全球总装机容量的2%，即使是按全球最乐观的预测，到2020年海上风电只能占到全球风电发展的10%。根据全球风能理事会的统计，2011年全球海上风电新增装机容量约为1 000MW，增长速度为-2.5%。海上风电的发展任重道远。全球90%以上的海上风电装机容量发生在欧洲，特别集中在北海、波罗的海、英吉利海峡等地；余下的不足10%主要发生在亚洲，特别是中国（见图1-7）。

根据欧洲风能协会统计，2011年，欧洲海上风机装机容量为866MW，总投资额达24亿欧元。海上风电累计装机容量达到3 813MW，分布在欧洲10个国家的53个风电场中。新增装机容量的87%发生在英国即752MW，紧随其后的是德国108MW，丹麦3.6MW 和葡萄牙2MW。欧洲海上风电累计排名前十位国家是英国（2 093.7MW）、丹麦（857.3MW）、荷兰（246.8MW）、德国（200.3MW）、西班牙（195MW）、比利时（163.7MW）、法国（26.3MW）、爱尔兰（25.2MW）、挪威（2.3MW）和葡萄牙（2MW）（见表1-3）。

海上风电的发展对欧洲实现2020年20%可再生能源发展目标至关重要，同时欧洲作为风电技术

的先驱者，在开拓海上风电技术方面也走在了世界的前列。英国提出了2016年8GW，2020年10GW的海上风电发展目标；德国现有约2GW的海上风电容量正在建设过程中，整个德国待建设的海上风电项目约8.5GW。欧洲在建的海上风电项目约有6GW，其他已经规划的总容量约有114GW。根据欧洲风能协会的预测，到2020年欧洲海上风电将达到40GW的容量，可以提供欧盟4%的电力需要，减排二氧化碳8 700万t。

根据欧洲风能协会的统计，在欧洲市场，西门子是2011年海上风电的主要占领者，其海上风机装机容量693MW；RE power紧随其后，其装机容量111MW；BARD装机60MW；累计装机容量来看，西门子占总装机容量的53%，维斯塔斯占36%，紧随其后的是RE power占5%。

亚洲国家如中国、韩国、日本都表现出对海上风电发展的极大兴趣。中国政府提出了2015年海上风电发展达到5GW，2020年达到30GW的雄心勃勃的目标；韩国政府也开始敦促国内企业进行海上风电设备的研发，并提出了到2016年发展400MW海上风电示范项目和2017—2019年实现2GW海上风电发展的目标；日本政府在退出核电发展后，更加大力鼓励可再生能源发电，海上风电业已成为一个充满潜力的发展方向，日本已经开始了4个海上风电相关的项目，对海上风电市场进行开拓。

特别值得指出的是，日本政府正在进行的海上风电项目很大一部分是着力进行漂浮式海上风电项目的研究。漂浮式海上风电项目迄今为止，只有3个建成项目，其中一个瑞典项目尚未联网。两个建成项目分别是挪威的北海2.3MW Hywind漂浮式海上风电项目，另一个是葡萄牙在大西洋海域示范的2MW WindFloat漂浮式海上风电项目。

在北美，美国的海上风电发展也在不断加速。美国国土资源部和能源部分别出台不同政策推动海上风电的发展，如两个部门正在协调规划以实现2020年10GW的海上风电和2030年54GW的海上风电发展计划。在一些沿海核心区域建立“风电发展区”，如新泽西、德拉维尔、马里兰、弗吉尼亚等。同时也提出了在未来5年，将拨款4 300万美元用于海上风电项目的科研和解决海上风电的市场障碍等。

表1-2　2011年全球风电新增/累计装机容量前十名

国家	新增装机容量/MW	占比/%	国家	累计装机容量/MW	占比/%
中国	17 631	43	中国	62 364	26.2
美国	6 810	17	美国	46 919	19.7
印度	3 019	7	德国	29 060	12.2
德国	2 086	5	西班牙	21 674	9.1
英国	1 293	3.2	印度	16 084	6.8
加拿大	1 267	3.1	英国	6 800	2.9
西班牙	1 050	2.6	法国	6 737	2.8
意大利	950	2.3	意大利	6 540	2.7
法国	830	2	加拿大	5 265	2.2
瑞典	763	1.9	葡萄牙	4 083	1.7
世界其他	4 865	12	世界其他	32 143	13.5
前十名	35 699	88	前十名	205 526	86.5
世界合计	40 564	100	世界合计	237 669	100

数据来源：GWEC，*Globle Wind Report 2011*。

表1-3　2011年欧洲海上风电累计装机前十名

国家	累计装机容量/MW	风电场数/个	风机数/个
英国	2 093.7	18	636
丹麦	857.3	13	401
荷兰	246.8	4	128
德国	200.3	6	52
西班牙	195	2	61
比利时	163.7	5	75
法国	26.3	2	9
爱尔兰	25.2	1	7
挪威	2.3	1	1
葡萄牙	2	1	1
合计	3 812.6	53	1 371

数据来源：EWEA，*The European offshore wind industry — key trends and statistics 2011*。

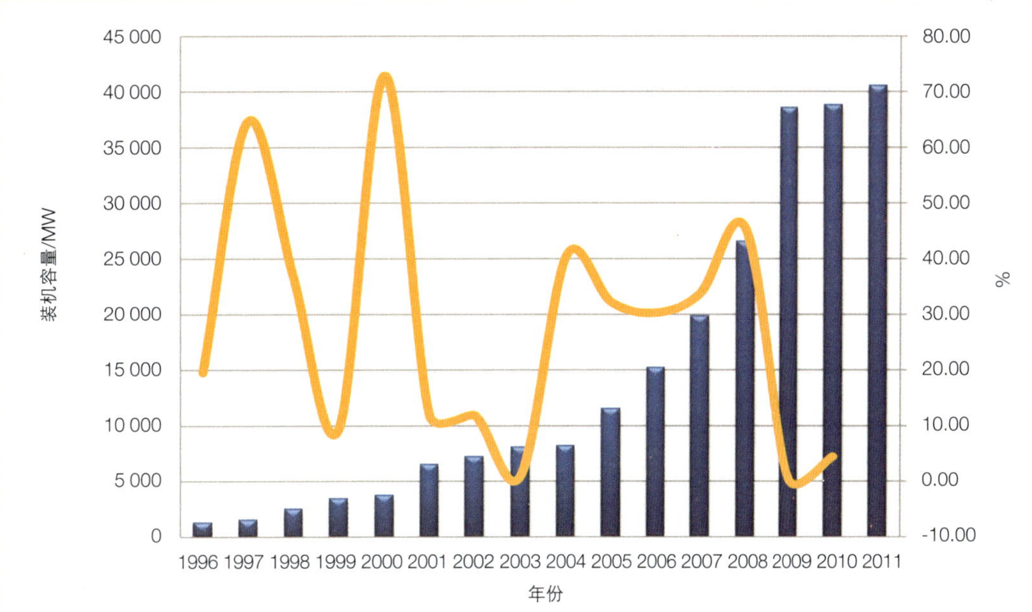

图1-4 全球风电新增装机发展历程（1996—2011年）

数据来源：GWEC，*Global Wind Energy Update 2011*。

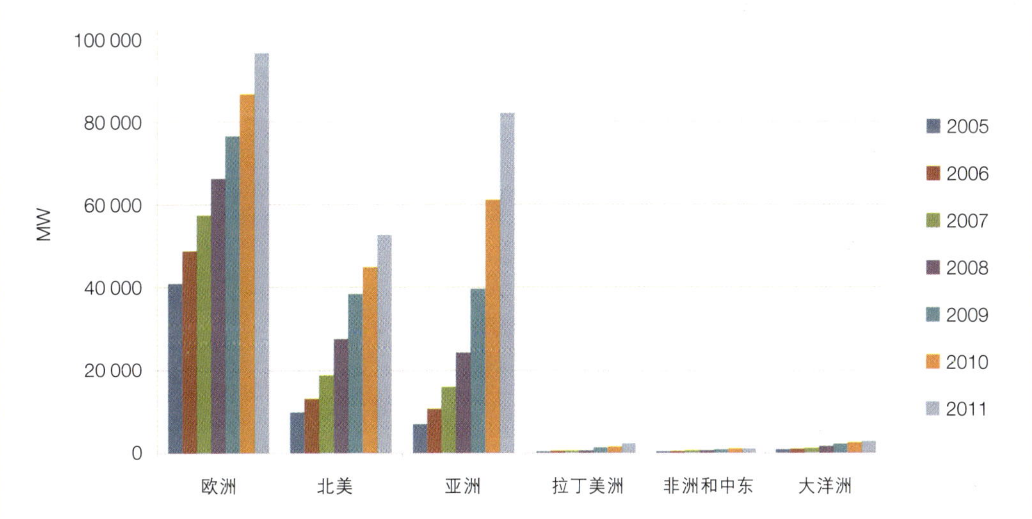

图1-5 全球风电累计装机发展区域分布

数据来源：GWEC，*Globle Wind Report 2011*。

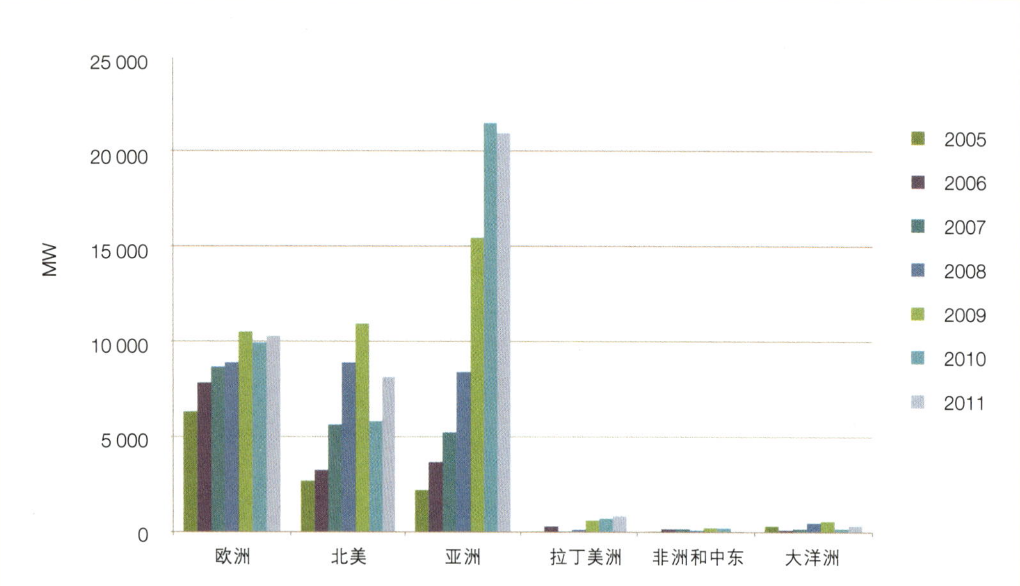

图1-6　全球风电新增装机发展区域分布

数据来源：GWEC，*Globle Wind Report 2011*。

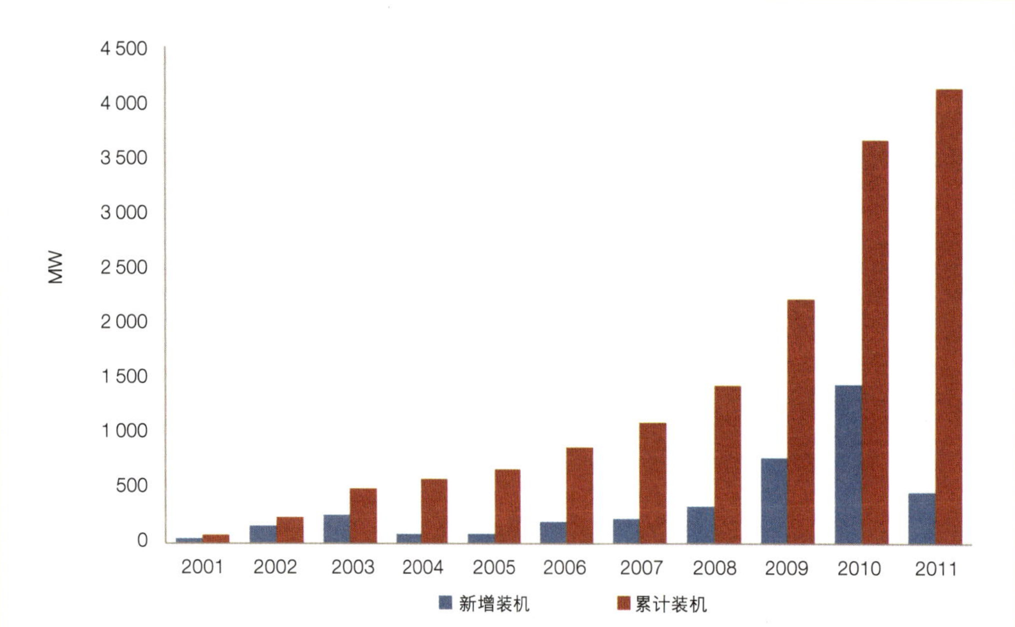

图1-7　全球海上风电累计和新增历年装机情况（2001—2011年）

数据来源：BTM Consult—A part of Navigant Consulting，World Market Update 2011。

1.3 技术发展和装备制造业发展趋势

1.3.1 装备制造业排名

随着全球市场在2010年后进入平稳增长的时期，全球的风电制造企业也进入了市场的拉锯战，一方面确保在已经成形的欧美市场的份额，另一方面把对新兴市场的开拓列为重点。2011年，有四家中国企业跻身全球销量排名前十位，这四家中国企业占2011年全球市场总份额的26.7%。金风凭借着稳定的市场份额从2010年的第四位上升到第二位。华锐的市场份额有所减少，从11.1%降到7.3%，跌至第七位。联合动力的市场份额增长很快，从2010年的4.2%增加到2011年的7.1%，排名上升两位（见图1-8和图1-9）。

另外六家国际风机制造商的市场份额有增有减。其中维斯塔斯和通用的份额有所降低，其他都有增加。维斯塔斯作为风电产业的龙头企业继续稳固其全球市场排名第一的位置，年风电装机容量5 213MW，市场份额12.9%，较前年下降了近2%。通用2011年的市场占有率比2010年下降0.8%，仍然排名第三。安耐康、苏司兰和西门子的2011年市场份额都比2010年有较小幅度的增加，排名没有变化。而歌美飒的增幅最大，从2010年的6.6%增加到了2011年的8.2%，排名相应从第八位上升到了第四位（见表1-4）。

1.3.2 风机制造大型化

风电机组大型化一直是技术的发展趋势。特别是在海上风电领域，大型化机型更加适应海上风电发展的各种需要。2011年成为世界风电巨头集中发布大型风机，特别是大型海上风机的年份。这些风机很多还需要1—2年的示范应用之后才会批量生产，预计将在2015年左右，因此被称为下一代风机（next generation turbine）。

2011年3月，维斯塔斯发布了7MW海上风机V164，该机型的风轮直径达164m，扫风面积达到21 000m^2，叶尖高度187m，适用于水深不超过45m的海域。这一机型的第一批样机将在2012年年末或2013年生产，从2015年开始批量生产。维斯塔斯与Dong能源开发公司也已经签署合作协议，将于2013年在丹麦海域开始安装示范项目。

2011年11月，三菱电力系统欧洲(MPSE)也发布了三菱7MW海上风力发电机组，该机型风轮直径超过165m，专门为高风速环境设计。该机型将在2012年生产样机， 并将于2013年在英国开始示范安装。三菱7MW风机最大的特点是不使用变流器，这一技术使用的是阿尔特弥斯公司(Artemis Intelligent Power， AIP)提供的持续性传输系统（Continuous Transmission System， CVT）。

RE power是全球大机型设计的先驱，2004年就率先设计了5MW风力发电机。其最新设计的6MW机型将在瑞典海域安装示范样机，开发商为Fred Olsen Renewables。

2011年11月，西门子也发布了6MW永磁直驱海上风力发电机，风轮直径154m。此前半年，西门子发布了120m风轮直径的6MW海上风机。西门子与美国风电开发商Deepwater签订30MW协议，该样机将于2013—2014年安装。

阿尔斯通的6MW直驱海上风机，风轮直径150m。2011年已经与比利时海上风电开发商Belwind达成协议，将在2012—2015年为布莱银行海上风电项目提供6MW风机，作为该机型的示范项目。阿尔斯通6MW风机，在最大程度上减少了叶片的负荷，增强设备可靠性。

2011年4月，德国风电公司Nordex也推出了N150 6MW风机。N150是用直驱技术，并将在2014—2015年开始在波罗的海海域Arcadis Ost二期项目安装70台风机。这将为该风机在2015年竞标英国Round 3项目提供使用记录。该风机风轮直径为150m，扫风面积为17 671m^2。

2011年5月，华锐风电SL6000 6MW风力发电机样机在江苏盐城的生产基地下线，该机型可以用于陆上、海上和潮间带。SL6000风轮直径126m。风机采用平行轴齿轮传动和鼠笼同步发电机技术，同时也拥有低电压穿越功能。继华锐之后，国电联合动力成为第二家生产6MW风机的中国企业。明阳也正在检测其6MW风机，该风机使用两个叶轮，大大降低机头重量，风轮直径达到140m。湘电的5MW 永磁直驱海上风机也在2011年生产出样机，并在荷兰安装。湘电还与德国开发商Windkraft 签订了10台5MW 风机的合同。

表1-4　2011年全球风机整机制造商新增和累计装机容量排名

序号	企业名称	2010年累计/MW	2011新增/MW	占比/%	2011累计/MW	占比/%
1	维斯塔斯（丹麦）	45 547	5 213	12.9	50 760	20.9
2	金风（中国）	9 055	3 789	9.4	12 844	5.3
3	通用（美国）	26 871	3 542	8.8	30 413	12.5
4	歌美飒（西班牙）	21 812	3 309	8.2	25 121	10.3
5	安耐康（德国）	22 644	3 188	7.9	25 832	10.6
6	苏司兰（印度）	17 301	3 104	7.7	20 405	8.4
7	华锐（中国）	10 044	2 945	7.3	12 989	5.3
8	联合动力（中国）	2 435	2 859	7.1	5 294	2.2
9	西门子（丹麦）	13 538	2 540	6.3	16 078	6.6
10	明阳风电（中国）	1 799	1 178	2.9	2 977	1.2
	其他	34 882	8 693	21.5	43 575	17.9
	合计	205 928	40 358	100	246 288	100

数据来源：BTM Consult—A part of Navigant Consulting，World Market Update 2011。

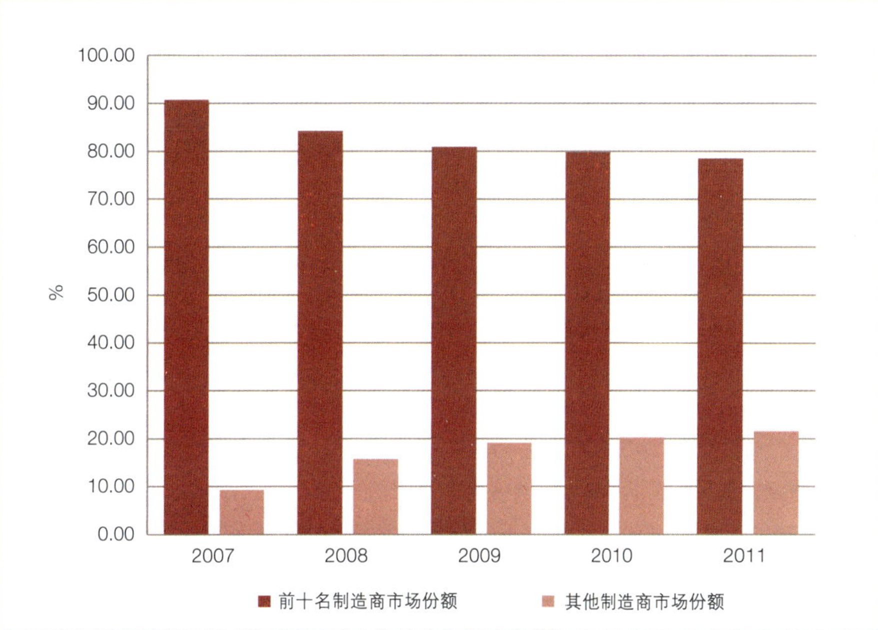

图1-8　全球风机整机制造商市场份额变化趋势（2007—2011年）

数据来源：BTM Consult—A part of Navigant Consulting，World Market Update 2011。

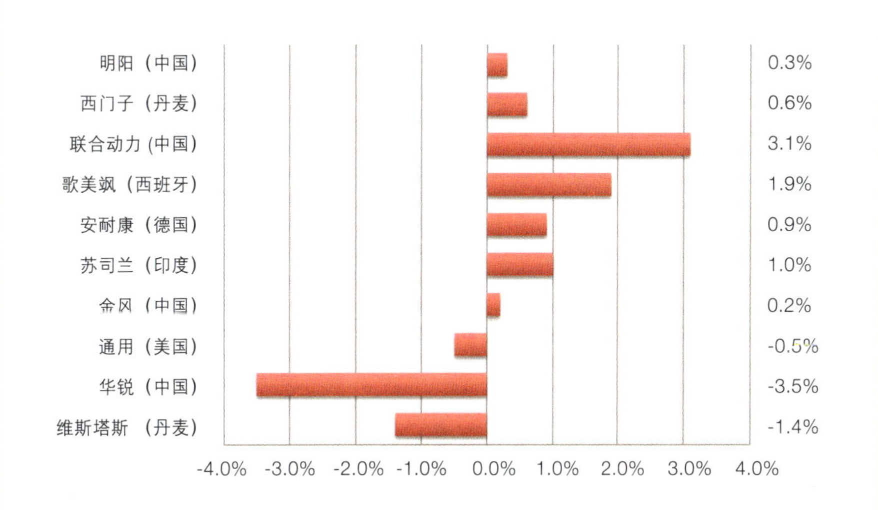

图1-9　全球风机整机制造商前十名市场份额变化（2010—2011年）

数据来源：BTM Consult—A part of Navigant Consulting，World Market Update 2011。

1.4 主要国家的支持政策和措施

1.4.1 德国——实行固定上网电价，是全球风电的领先者

1990年，德国议会通过了著名的强制购电法（Feed-in-Tarrif）。该法案规定：电力公司必须让风电接入电网，并以固定价格收购其全部电量；以当地电力公司销售价格的90%作为风电上网价格；风电上网价格与常规发电技术的成本差价由当地电网承担。到2000年，强制购电法的原则在新的《可再生能源法》中进一步确立。同时，政府开始对风电投资进行直接补贴。德国在2001—2007年保持风电装机容量世界第一，到2010年年底累计超过25GW，直到2008年、2009年才分别被美国和中国超越。对于国土面积只有中国和美国1/30的国家而言实属不易，德国风电发展的成功经验主要得益于其固定的上网电价政策。

2011年7月，德国通过了《可再生能源法》的修改，德国《可再生能源法》2012修正案于2012年开始实施。德国的《可再生能源法》是德国可再生能源发展的核心推动力，法规每隔数年会对电价水平进行修改，以配合资源开发和产业发展的情况。此次修改的《可再生能源法》包括对陆上电价的修改和海上电价的修改。此次法案修改备受关注，因为在日本福岛核危机后，德国退出核电的呼声高涨，德国议会最终通过决议将于2022年彻底结束核电产业，因此可再生能源再次成为公众关注的焦点。

修改后的法案对可再生能源的目标进行了修改，新目标要求到2020年35%的可再生能源发电目标，2030年50%，2040年65%和2050年80%。此次法案修订，明显地提高了对各种可再生能源的补贴。不同可再生能源技术的电价水平或有升高，或维持不变。

新法规中陆上风电电价并未下调，陆上风电固定电价的起始电价为0.0893欧元/kWh，基础电价为0.0487欧元/kWh。从2012年起，每年新项目的电价在前一年基础上下降1.5%，而修改前的电价年均降幅为1%。在德国，项目在运营初期采用一个固定的“初始电价”。“初始电价”是高于普通电价的补贴电价，其应用的时间取决于风能资源状况，应用的最长时间期限是20年。应用时间期满后，风电电价降低到“基础电价”，后者一般与传统电价保持相当的水平。

对于更新退役风机的机组，电价维持原水平0.05欧元/kWh，并且只针对2002年以前安装的风机。新法案提高了对海上风电的电价水平，修改前海上风电的起始电价为0.13欧元/kWh，修改后新海上风电的起始电价为0.15欧元/kWh，此电价维持12年；或企业也可以选择起始电价0.19欧元/kWh，此电价维持8年。之后电价降为基础电价0.035欧元/kWh。每年开发的新项目电价在前一年基础上下降7%。

这是自2000年德国《可再生能源法》颁布以来，第三次修订电价。前两次分别为2004年和

2008年。修订的法律并没有改变固定电价的基本原则和电价设计原理，而是根据技术发展水平和资源开发水平对电价水平、电价下幅比例和标准资源值进行调整。这样最大程度地保证了政策稳定，也保证了电价水平的科学性。

此次《可再生能源法》的修订，对其他可再生能源发电电价都有不同程度的上调，例如，对生物质能和地热能的电价水平都有一定的提高，太阳能光伏发电的每年电价下调比例保持不变，同时也保持了太阳能光伏发电每年3 500MW的发展目标，这些都将继续刺激德国的光伏产业发展。

1.4.2 美国——联邦和州级激励补贴计划和财税优惠政策并举，可再生能源配额制作用显著

为了推动风电等可再生能源发展，美国两个大法起到了根本支撑，分别是1992年出台并不断修订的《能源政策法案》和奥巴马政府2009年出台的《经济复苏法案》，这两个法案确立并加强了可再生能源在美国联邦和各州的法律地位。在联邦层次的优惠政策和补贴计划包括：风能生产税抵减（PTC）、投资退税（ITC）和国家财政补贴计划以及税收加速折旧等。

风能生产税抵减政策规定应用于风能等部分可再生能源项目，2010年，风能、闭环生物质能和地热发电的退税额达2.2美分/kWh；其他符合条件的技术所获得的退税额为风力发电项目退税额的50%（2010年为1.1 美分/kWh）。在2012年年底之前投入运营的风力发电项目目前可获得10 年退税，其他可再生能源技术的投产日期可延后一年（即2013年年底之前）。在PTC 取消的3个年份（分别是2000 年、2002年和2004年），风力发电装机容量的增长速度出现明显停滞，而在预定期满之前的年份，风能开发项目则出现显著增加，由此可见风能生产税抵减对于可再生能源发电，尤其是风力发电行业的重要性。

投资退税适用于其中包括太阳能、燃料电池和小型风电项目（均可获得相当于项目立项成本30%的退税），以及地热、小型燃气轮机和热电联产项目，从实施效果来说，投资退税对风电等可再生能源行业发展起到了明显的推动作用。

尽管这两项联邦财政激励措施仍将发挥重要作用，但随着2009年2月《经济复苏法案》的颁布，在2009年和2010年，该法案第1603条国库财政补贴计划的作用超过了风能生产税抵减和投资退税。鉴于2008年年底的金融危机之后，市场上税收股权投资者的数量明显减少，《经济复苏法案》第1603条规定为符合条件的可再生能源项目提供30%的现金补贴，这为可再生能源项目提供大笔资金，尤其是在紧缩的金融环境下，通过税收激励计划刺激投资的难度很大。因此，该计划毫无意外地获得了广泛支持。自2009年6月底该计划实施以来，共发放了约50亿美元现金补贴，大大激励了投资商和开发商，仅2009年美国新投产的风力发电装机容量中超过6 400MW，占64%以上的新增装机均选择了该补贴计划。

可再生能源的主要州级推动政策包括可再生能源配额制度(RPS)，以及各种州级现金激励计划。此外，还包括其他联邦级和州级举措支持国内可再生能源设备的制造，包括：（1）联邦贷款担保计划；（2）联邦生产退税；（3）联邦与地方财政激励计划，鼓励制造可再生能源设备；（4）联邦与州级研发基金等。

可再生能源配额制度在美国可再生能源发展史上有着不可忽视的贡献，得到了各国的认可，并作为典范学习和借鉴。其核心是要求零售电力供应商逐渐增多对可再生能源的购买量；大部分行政区均允许可再生能源许可证交易，以提高配额标准执行的灵活性，也便于执行的考核。尽管各州的政策形式与最终执行目标存在较大差异，但大部分可再生能源配额制度均规定，到2025年，新增可再生能源装机容量需达到73GW 左右，届时将占美国当年零售电力销售的6%，到2030年，零售电力销售中合格的可再生能源比例应达到15%～25%。从实施效果来看，风力发电项目受州级配额制度影响最为显著。1998—2009年，在配额政策的推动下，美国新增的可再生能源装机容量中，风力发电占94%左右；剩余的6%分别是生物质能、太阳能和地热。

1.4.3 丹麦——稳定持续的政策导向、强大的产业链支撑

丹麦政府在1976年、1981年、1990年、1996年和2012年，先后公布了五次能源计划。 其中2012年3月最新的能源规划目标提出2020年丹麦能源需求量减少12%（与2006年相比；或与2010年基数相比减少7%），丹麦能源供应的35%来自可再生能源，2050年能源供应100%来自可再生能源的目标； 在这一目标的指导下，2020年丹麦50%的电力将由风力提供。这一目标已经公布，被誉为全球最大胆激进、最绿色环保也最具有长效性的国家能源政策。这一目标的建立，旨在帮助丹麦实现2020年减排34%的目标（在1990年的排放量基础上）。

在这一新目标下，政府进一步提出了1 500MW海上风电发展目标和1 800MW陆上风电发展目标。1亿丹麦克朗将被用于支持可再生能源技术开发，如太阳能和潮汐能，同时潮汐能还将获得额外的2 500万丹麦克朗的支持。此外，政府还将大力推进化石能源项目向可再生能源的转换，以及推进可再生能源进入建筑和交通领域等。在智能电网方面，政府将在全国范围内建立智能电网规划，并且将推动电网公司推进智能电表在用户方的普及等。

丹麦政府制定和采取了一系列政策和措施，支持风力发电发展。在支持风能研发方面，丹麦国家实验室的风能部门科学家和工程师阵容强大，从事空气动力、气象、风力评估、结构力学和材料力学等各方面的研究工作。为了保证风机的质量和安全性能，丹麦政府专门立法，要求风机的型号必须得到批准，并由国家实验室审批执行。

财政补贴和税收优惠。丹麦政府对风电补贴始于1979年，根据立法，只要通过国家实验室的测

试和资质认证，私人投资风电能获得风机购买价格30%的补贴，后来补贴比例逐渐削减，最终取消了这一补贴。丹麦陆上风电场上网电价包括市场价格和固定补贴两部分，根据不同的并网时间采取差异化的补贴政策。

1999年之前购买的风机，在规定的满负荷小时数内享受的补贴加上市场电价每度电达0.6丹麦克朗；超过规定的满发小时数后到风机运转满10年之前，享受含补贴每度电0.43丹麦克朗的价格。在运转10—20年之间，原则是，补贴加上市场价格，每度电不得多于0.36丹麦克朗，同时，每度电还享有2分的平衡补贴。2000—2002年并网的风机，在22 000满负荷小时数内每度电补贴加上市场电价保证以0.43丹麦克朗来结算。在年满20年前，每度电仍有0.1丹麦克朗的补贴，但原则是，补贴加上市场价格，每度电不得多于0.36丹麦克朗，同时，每度电还享有0.02丹麦克朗的平衡补贴。2003—2004年之间并网的风机，在年满20年前，每度电享有0.1丹麦克朗的补贴，但原则是，补贴加上市场价格，每度电不得多于0.36丹麦克朗，同时，每度电还享有0.02丹麦克朗的平衡补贴。2005年1月1日以后并网的风机，在年满20年前，在市场电价的基础上，享有每度电0.1丹麦克朗的固定补贴，每度电有0.02丹麦克朗的平衡补贴。2009年2月19日以后并网的风机，在22 000满负荷小时数内每度电可以在市场电价的基础上再享受0.25丹麦克朗的补贴，同时，每度电还享有0.02丹麦克朗的平衡补贴。此外，在2001年4月1日以后为取代拆除的老风机而并网的新风机可以在其他补贴的基础上再享有每度电0.17丹麦克朗的补贴。

丹麦设有电力节约基金，政府对提高能源效率的技术和设备进行补贴。最新的激励措施是，对使用化石燃料的用户征收空气污染税，而使用风能则享受一定的税收优惠。由于政策到位，丹麦风力发电技术日益成熟和市场化。

实行绿色认证。在绿电证书交易市场上，可再生能源发电商每发出一定可再生能源电量，除回收一定电费外，还得到与该电量相关数量的绿电证书。可再生能源发电商发出的电量，电网必须收购，所有可再生能源发电都有优先上网权，电网有责任收购并付款。绿电交易证书的市场需求通过配额的办法来保证。每个电力消费者必须购买分配给自己的可再生能源配额，以扩大风能等可再生能源的使用，2003年以后，全国所有消费者的可再生能源消费比重须高于20%。

市场准入和上网优惠。政府通过强制措施和税收优惠等多重政策，消除风电在开发初期的市场准入障碍，建立行之有效的投融资机制，对风电上网给予鼓励。电力公司须将售电收入优先付给私人风电所有者。丹麦《电力供应法》要求可再生能源发电必须优先上网，电网有责任收购并付款，如果风场建成后不能及时入网，电网公司必须对风电场业主给予经济赔偿。新的《可再生能源法案》中还规定，对于新建的海上风电场，在运行过程中如遇特殊原因被限制入网，电网公司也必须对风电场业主给予经济赔偿。丹麦是世界上第一个倡导使用风机技术的质量认证和采用标准化系统的国家。从1991年丹麦推行风电机组强制认证起，风电机组必须通过严格的安全和质量检测才能在丹麦安装使用，必须获得指定机构的认证才能在丹麦销售，在丹麦安装的风电机组必须满足丹麦能源署颁布的关于风力发电机组认证体系的相关规定。

1.4.4 西班牙——电力法建立了电力交易市场，溢价电价是巨大的推力

2010年，西班牙风电发电量达到43.7TWh，占西班牙电力供应的15%以上。2011年3月，西班牙风电利用率达到21%创历史新高，比2010年3月高出5个百分点。此外，西班牙历史上实时风电利用率最高已经超过50%，即风电电量满足了电力需求的一半以上。2010年西班牙提交欧盟委员会的《国家可再生能源行动计划》中，提出到2020年西班牙可再生能源供应满足能源需求的22.4%，其中电力需求的40%由可再生能源提供。

提出目标的同时，行动计划中也列出了具体的保障措施，包括：修改完善风电并网相关技术规范；逐步有区别地做好风电机组更新的行政管理；西班牙将在2014年前开展海上风电技术研究及前期工作，2014年进行示范项目建设，2016年前后开始逐步进入商业化运营阶段；制定一系列措施促进小风电的应用；制定小功率风电机组的技术规范并建立认证认可体系。

这些目标和配套政策的出台都离不开西班牙已有的政策体系和举措。西班牙也是通过立法方式来明确规定可再生能源政策的国家，和德国类似，1997年通过电力法案明确规定建立自由交易的电力市场，并通过电力体制改革使发电公司和供电公司私有化，建立国家电力库系统（Pool Based System），所有发电企业向电力库系统售电，所有供电企业向电力库系统购电，成立国家电力监管委员会来负责电力市场的监管。在该电力法中专门针对可再生能源发电做了详细具体的规定，主要内容有以下几个方面：

- 对可再生能源电力技术应用范围进行界定，规定装机容量在50MW以下的可再生能源发电系统适用于电力法；
- 保证可再生能源电力并网；
- 可再生能源发电企业直接向国家电力库售电，不参与电力竞价；
- 对可再生能源电力实行特殊电价，在制定特殊电价时考虑了保护可再生能源发电投资商的利益。

之后电力法经历了多次修订和完善，最终确立并形成了较为完善的溢价电价机制，风电、光伏和小水电的发展效果明显。以风电为例，20世纪90年代中期西班牙的风机产业刚刚起步，应用规模不大，在政策支持下几年的时间里产业和技术应用都排在世界前列，截至2011年年底，累计装机容量居世界第四，仅次于中国、美国和德国。

西班牙风力发电的驱动力为全国范围实施的可再生能源补贴和数量甚多的高风速区域。然而，

2012年1月西班牙政府通过了一个禁令，取消了针对所有未批准可再生能源项目的补贴。禁令的颁布使得西班牙2020年装机33.75GW的目标困难重重。政府取消补贴，再加上新项目核准困难，影响了项目的融资，而输电线路和电网建设的滞后更加剧了项目融资的难度。

西班牙国内风电开发缓慢，导致西班牙主要风机制造商出口90%的产品，以适应国内市场发展缓慢的情况。歌美飒、维斯塔斯、LM和通用等主要风机制造商关闭了或者缩减了在西班牙的生产。尽管如此，由于风资源良好以及生产技术先进，西班牙风机制造仍超过了德国，在全球累计安装的风机已超过7GW。

1.4.5 英国——不断尝试和改革的可再生能源政策体系造就海上风电大国

英国可再生能源的发展起步较晚。1997年，英国签署了《京都议定书》，并承诺将在2050 年之前将温室气体排放量减少到1996 年排放量的40%。2003年2月24日，发布了《能源白皮书》，确定了可再生能源电力2010年要占到电力总消费量的10%、2020 年要占到20%的具体目标。近年来，英国一直利用自身优势，努力开发风能、波浪能、潮汐能等多种可再生能源。据全球风能协会的统计数据显示，2010 年，英国新增风机容量962MW，累计装机容量达到5 204MW，占全球的2.7%。

为了促进可再生能源尤其是相关技术创新的发展，英国政府从多个方面制定了鼓励和扶持的政

策。主要包括基于化石燃料公约的招标制(NFFO)和可再生能源义务制（RO，类似配额制），这两项制度的实施并不顺利，可以说实施效果很差。

《非化石燃料义务公约》颁布于1990年，要求公共电力供应商设立非化石燃料购买代理，通过招标过程签约所有的非化石燃料电力。投标分成不同的技术标段，以确保不同的可再生能源技术都参与其中。尽管这样，NFFO中还是以风电、废物和垃圾填埋气体项目占主体，但由于其缺乏协调、缺乏招标相关规定、不稳定等致命缺点，该公约到2002年为可再生能源义务证书制度所代替。

2002年开始实施的“可再生能源义务证书制度”（Renewable Obligation），是英国《2000年公用事业法》（UK's Utilities Act 2000）的一部分。与中国的可再生能源配额制度相似，它给英国的电力运营商设置了提高可再生能源电力比例的义务，规定了可再生能源发电的具体数额：2003年为3%，逐年递增，到2010年为10.4%，2015年预计为15.4%。

按照《可再生能源义务法》的要求，所有供电商都必须完成当年规定的可再生能源电力份额。如果企业自身不能完成则可以从市场上购买ROC（可再生能源义务证书——Renewables Obligation Certificates，每兆瓦合格的可再生能源电力作为一个计量单位）。所有罚款进入特定的基金，并按照电力供应商完成义务的比例重新分配返还电力供应商。这一规定也导致了一定程度的投机行为，企业会衡量履行义务和被罚款的机会成本，而选择是否购买ROC，也导致了ROC价格的炒作。这种不确定性导致投机的存在，被视为可再生能源发展的不利因素。

除了这两项制度外，英国于2009年发布了《可再生能源指令》，目标是到2020年可再生能源要占到英国能源消费总量的15%。2011年7月英国发布英国第一个《可再生能源路线图》。该路线图指出，为了帮助英国用低成本和可持续的方式实现2020年的目标，未来要充分发挥陆上风电、海上风电、海洋能、生物质发电、生物质供热、地源热泵、空气源热泵和可再生能源在交通方面的应用8类技术的潜力。

通过不断地尝试和调整，一方面产生了不利的影响，如投资商对风电等可再生能源开发利用的政策不稳定性产生怀疑和观望态度，另一方面也向产业表明了政府发展可再生能源的决心和态度，因此长期来看，这些尝试和弯路还是值得的，特别是英国成为海上风电开发利用的先驱。2010年，英国政府决定利用9 700万美元原用于港口设施更新改造的费用支持海上风电开发，积极地拉动了西门子、通用、歌美飒等各国企业来英国开发海上风电的积极性，分别宣布各自的投资计划。英国还建成世界上最大的海上风电场，总装机容量300MW，并延伸到苏格兰65MW的陆上装机。对于海上风电的开发利用，英国天然气和石油管理办公室、英国皇家资产管理局等机构共同合作，完善了关于海床审批、项目核准等程序，简化易操作的流程和优惠的政策大大吸引了各国开发商和投资商云集于此。

2 中国风电产业发展现状

2.1 产业发展规模

2.1.1 建设成果

据中国可再生能源学会风能专业委员会（CWEA）的统计数据，2011年中国（不含港、澳、台）新增安装风电机组11 409台，全年新增风电装机容量17.63GW，与前一年的18.94GW相比，2011年新增装机减少6.9%。中国风电市场在历经多年的快速增长期后正开始步入稳健发展期。截至2011年年底，中国累计安装风电机组45 894台，累计装机容量62.36GW，继续保持全球第一大风电市场的地位。2001年以来全国各年风电装机数据见图2-1。

2011年，全国风电上网电量达715亿kWh，占全国发电量的1.5%。风电所产生的环境效益显现：按每度电替代320g标煤计算，可替代标煤2 200多万t，减少二氧化硫排放量约36万t，减少二氧化碳排放量约7 000万t，节能减排效益显著。按照每户居民年用电量1 500kWh计算，中国2011年风电的上网电量可满足4 700多万户居民1年的用电量需求。

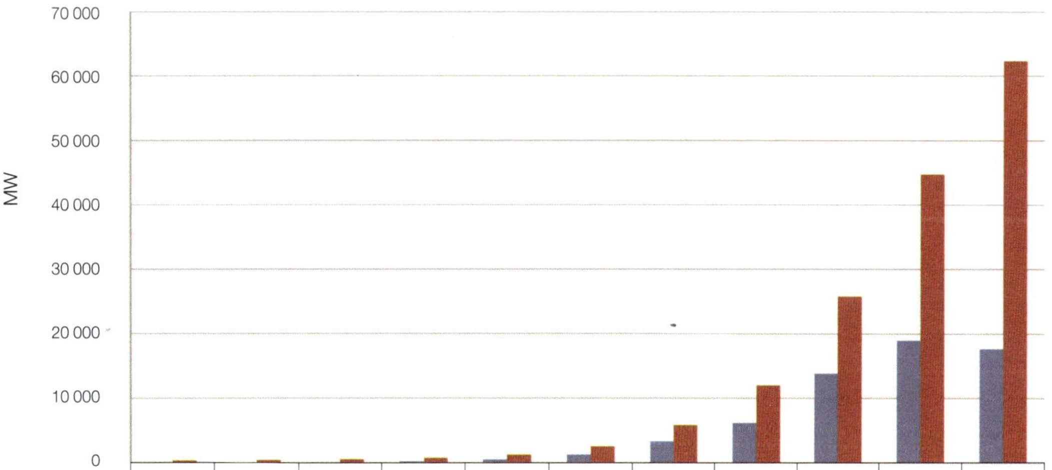

	2001	2002	2003	2004	2005	2006	2007	2008	2009	2010	2011
新增装机	41.7	66.3	98.3	196.9	506.9	1 287.6	3 311.3	6 153.7	13 803.2	18 928	17 630.9
累计装机	381.2	447.5	545.8	742.7	1 249.6	2 537.2	5 848.5	12 002.2	25 805.4	44 733.4	62 364.3

图2-1　中国新增及累计风电装机容量（2001—2011年）

资料来源：《风能》，2012年3月刊。

表2-1 中国风电历年新增、累计并网容量及年增长率统计表

年份	当年新增并网/MW	年底累计并网/MW	年增长率/%
1994年之前	—	9.7	57.82
1994	12.9	22.6	132.99
1995	11.1	33.7	49.12
1996	23.3	57.0	69.14
1997	84.7	141.6	148.60
1998	71.9	213.5	50.78
1999	50.3	263.8	23.56
2000	77.3	341.1	29.30
2001	41.7	382.8	12.23
2002	65.7	448.6	17.16
2003	98.3	546.9	21.91
2004	215.9	762.7	39.48
2005	506.1	1 268.8	66.36
2006	1 399.4	2 668.2	110.29
2007	3 360.8	6 029.0	125.96
2008	6 143.7	12 172.7	101.90
2009	5 497.3	17 670.0	45.16
2010	13 640.0	31 310.0	77.19
2011	16 530.0	47 840.0	52.79

资料来源：水电水利规划设计总院、国家风电信息管理中心，《2011年度中国风电建设统计评价报告》。

数据链接

本报告关于中国风电装机容量的数据主要采用中国可再生能源学会风能专业委员会公布的风电吊装容量，以风电场实际完成吊装为依据。

本章同时提供中国水电水利规划设计总院发布的数据，包括建设容量和并网容量；建设容量指经政府备案且完成的吊装容量，并网容量指已并网且开始结算电费的容量。

由于数据来自不同统计机构，不仅统计口径不同，而且数据来源也不同，因此，两组数据不宜简单进行对比分析，仅供参考。

根据中国水电水利规划设计总院的数据，2011年中国风电新增建设容量10.53GW，新增并网容量16.5GW；截至2011年年底，全国风电累计建设容量52.53GW，累计并网容量47.84GW。各年并网容量详见表2-1。

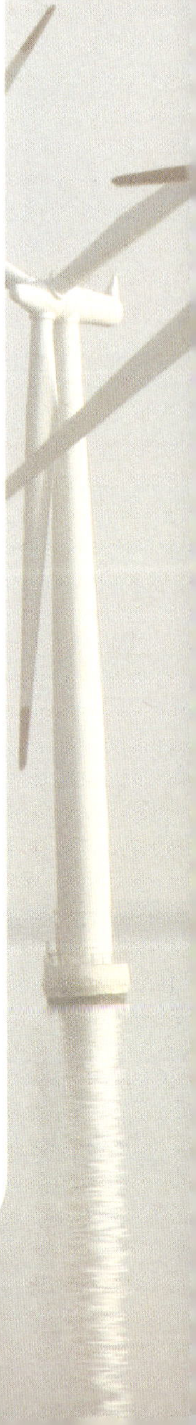

2.1.2 区域特征

截止到2011年12月31日，全国（不含港、澳、台）有30个省（市、自治区）有了自己的风电场，风电累计装机超过1GW的省份超过10个，其中超过2GW的省份9个。领跑中国风电发展的地区仍是内蒙古自治区，其2011年当年新增装机3 736MW、累计装机17.59GW，分别占全国市场的28%和21%。紧随其后的是河北、甘肃和辽宁，累计装机容量都超过5GW（见表2-2）。

排名前十位的省区中，2011年装机增速最快的是宁夏，累计增长率达144%，其次是山东72.96%，新疆69.85%，之后是河北和黑龙江，均达45%。继2010年陕西、安徽、天津、贵州、青海5个省（市）首次实现风电装机零的突破后，2011年四川省也实现了风电装机零突破。中国风电场开发正向更多的不同气候和资源条件的区域发展。

2.1.3 项目储备

除已建成的项目外，全国有大量风电场项目正在开展前期工作或已获得核准，为中国风电的长期稳定发展打下良好的基础。

到2011年年底，全国正在开展前期工作的风电项目约1 500个，总规模约90GW。前期工作规模超过百万千瓦的省份有20个以上，其中云南、贵州、湖南、河南、广西等省区前期工作力度明显加大，规模均在1.5GW以上。

多个百万千瓦级大型风电基地获得国家批复开展前期工作，包括酒泉二期百万基地（3GW）、巴彦淖尔乌拉特中旗百万基地（1.8GW）和新疆哈密百万基地（2GW），项目总规模6.8GW。

2011年全国新增核准容量20.91GW，同比2010年增加14%。其中，国家核准总容量1.37GW，分布在内蒙古、河北、山西和江苏等省区。省级能源主管部门核准项目容量19.44GW。2011年核准容量排名前三位的省（自治区）分别是宁夏、新疆和吉林。

表2-2 中国各省（市、自治区）风电装机吊装容量情况

序号	省（市、自治区）	2010年累计/MW	2011新增/MW	2011年累计/MW
1	内蒙古	13 858.01	3 736.4	17 594.4
2	河北	4 794	2 175.5	6 969.5
3	甘肃	4 944	465.2	5 409.2
4	辽宁	4 066.9	1 182.5	5 249.3
5	山东	2 637.8	1 924.5	4 562.3
6	吉林	2 940.9	622.5	3 563.4
7	黑龙江	2 370.1	1 075.8	3 445.8
8	宁夏	1 182.7	1 703.5	2 886.2
9	新疆	1 363.6	952.5	2 316.1
10	江苏	1 595.3	372.3	1 967.6
11	山西	947.5	933.6	1 881.1
12	广东	888.8	413.6	1 302.4
13	福建	833.7	192	1 025.7
14	云南	430.5	501.8	932.3
15	陕西	177	320.5	497.5
16	浙江	298.2	69	367.2
17	上海	269.4	48.6	318
18	河南	121	179	300
19	安徽	148.5	148.5	297
20	海南	256.7	—	256.7
21	天津	102.5	141	243.5
22	贵州	42	153.1	195.1
23	湖南	97.3	88	185.3
24	北京	152.5	2.5	155
25	江西	84	49.5	133.5
26	湖北	69.8	30.7	100.4
27	广西	2.5	76.5	79
28	青海	11	56.5	67.5
29	重庆	46.8	—	46.8
30	四川	0	16	16
31	香港	0.8	—	0.8
	汇总	44 788.8	17 630.9	62 364.6
32	台湾	519	45	564
	总计	45 252.8	17 675.9	62 928.2

资料来源：《风能》，2012年3月刊。

数据链接

根据中国水电水利规划设计总院的数据，2011年中国各省（自治区）风电并网数据见表2-3。

表2-3　2011年中国累计风电并网装机容量

序号	省（市、自治区）	累计并网容量/MW	序号	省（市、自治区）	累计并网容量/MW
1	内蒙古	1 4384.4	16	上海	269.4
2	甘肃	5 551.6	17	海南	254.7
3	河北	4 991.3	18	安徽	247.5
4	辽宁	4 039.5	19	陕西	245.5
5	吉林	2 936.3	20	河南	154
6	山东	2 718.6	21	北京	150
7	黑龙江	2 625.5	22	湖南	133.8
8	江苏	1 704.3	23	江西	133.5
9	新疆	1 659.8	24	天津	125
10	宁夏	1 361.5	25	湖北	115.4
11	山西	1 035	26	贵州	60.9
12	广东	933	27	广西	49.5
13	福建	873.7	28	重庆	46.8
14	云南	684.8	29	四川	16
15	浙江	320.6	30	青海	14
		合计			47 835.6

资料来源：水电水利规划设计总院、国家风电信息管理中心，《2011年度中国风电建设统计评价报告》。

2.2 发展特点

2.2.1 “三北”地区仍是主要地区

中国“三北”地区风能资源非常丰富，多数地区风功率密度等级达到3级及以上，个别地区如内蒙古灰腾梁、巴彦淖尔乌拉特中旗、赤峰塞罕坝和新疆达坂城等地，风功率密度等级接近或超过5级。在风电标杆电价政策出台后，这些地区风电开发具有较大优势（不考虑限电因素）。因此，长期以来，“三北”地区都是中国风电发展的主要地区。

2.2.2 内陆地区风电开发开始加速

2011年，全国30个省（市、自治区）实现了风电并网，与2010年相比，新增的省区包括贵州、广西、四川、青海。同时，安徽、天津等省市的装机容量也有较大增长。这可以视作一个信号，即传统意义上风能资源并不丰富的内陆地区风电开发已悄然启动。

中国风电开发的起步和快速发展阶段，风电场项目明显集中于“三北”地区和东南沿海地区。这些地方风能资源丰富，特别是“三北”地区，更有着建设条件简单、可成片开发等优势，因此一直是各开发企业争夺的重点区域。而内陆地区的一些省份，普遍风能资源一般，并且多位于山地、丘陵、湖畔等建设条件复杂的区域，开发成本高，没有引起开发企业的重视。

随着大规模集中开发风电场程度的增加，项目开发权的竞争日益激烈，而不断增加的限电、“弃风”，也使这些地方风电场的效益大打折扣，内陆省份风电场的优势渐渐凸显。首先，这些地区人口密集，电力负荷大，风电场接网条件好，基本上不会限电；其次，风电机组不断提高的风能转换效率和对各种建设条件的适应性，使得在这些地区建设风电场不仅可行，还可以获得可观的经济效益。

2011年，国家能源主管部门提出了集中式开发和分散式开发并重的发展思路，并出台了相应的管理办法。可以预见，内陆地区分散式开发的风电场将占有越来越大的比重。

2.2.3 大型风电基地建设成果显著

2008年以来，全国以各省区风能资源普查结果和风电建设前期工作为基础，在甘肃、新疆、河北、蒙东、蒙西、吉林、山东、江苏以及黑龙江等地规划了9个千万千瓦级风电基地，因尚未得到国家能源局的正式文件批复，因此本报告关于风电基地建设进展，仍以百万千瓦级基地为单位加以介绍。

截止到2011年，中国大型风电基地前期工作进展顺利，开发建设取得初步成果，其中酒泉一期百万基地、通辽开鲁百万基地、巴彦淖尔乌拉特中旗基地、包头达茂旗百万基地、河北张北一期、张北二期百万基地、河北承德百万基地和新疆哈密百万基地，共7个百万基地已获国家批复开展前期工作或已经核准，另有贺兰山百万基地、甘肃武威等6个百万基地正在积极推进前期工作。各大型基地具体进展情况如下。

2.2.3.1 酒泉基地

甘肃酒泉千万千瓦级风电基地是国家确定的首个千万千瓦级风电基地，2008年5月，国家发改委同意了甘肃千万千瓦级风电基地“十一五”建设方案的批复，在酒泉风电基地玉门市和瓜州县境内的昌马、北大桥、干河口和桥湾四个区域建设并投产装机容量为3.8GW的一期风电场。酒泉首期百万千瓦级风电基地共由20个项目组成，总规模为3.8GW，各项目均已核准，并于2009年8月正式开工建设，目前，上述项目已有3 600MW的风电并网发电，200MW项目在建。

随着酒泉风电基地“十一五”3.8GW风电场建设工作的顺利开展，国家发改委2009年1月30日下发《国家发展改革委办公厅关于甘肃酒泉地区千万千瓦风电基地第二期项目规划工作的通知》（发改办能源［2009］202号），要求抓紧开展酒泉风电基地第二期5GW项目的规划工作。2011年5月，酒泉风电基地二期第一批3GW项目获得国家能源局批复开展前期工作，拟落实电网送出和消纳市场后上报国家能源局核准。

2.2.3.2 通辽开鲁基地

开鲁百万千瓦级风电基地是蒙东千万风电基地的重要组成部分，2008年获得国家批复，共包括5个项目，总容量为1.5GW。目前各项目均已核准，其中北清河特许权项目已经建设完成，其他项目现已完成风电场的招标采购工作，正在建设过程中，2012年有望建成。

2.2.3.3 巴彦淖尔乌拉特中旗百万基地

巴彦淖尔乌拉特中旗百万基地属于蒙西千万千瓦级风电基地，国家能源局在2008年10月10日给内蒙古自治区发展和改革委员会进行了复函（详见“国家能源局关于内蒙古巴彦淖尔市乌拉特中旗百万千瓦级风电基地建设方案的复函”（国能新能［2008］106号）），国家能源局同意该风电基地的开发建设规划，并批复了新增各项目的开发业主。基地共由10个风电场项目组成，总容量为2.1GW，目前国家已核准乌兰伊力更风电场为国家特许权项目，核准容量为300MW，2009年年底，该项目已经全部并网发电，其他9个项目已完成主设备招标，正在抓紧办理项目核准有关支持性文件，预计2012年内核准。

2.2.3.4 包头达茂旗百万基地

达茂巴音百万基地属于蒙西千万千瓦级风电基地，国家能源局在2008年10月6日给内蒙古自治区发展和改革委员会进行了复函，详见“国家能源局关于内蒙古包头市达茂旗百万千瓦级风电基地建设方案的复函”（国能新能［2008］87号），国家能源局同意该风电基地的开发建设规划，并批复了新增各项目的开发业主。基地共由8个风电场项目组成，总容量为1 600MW，其中国家已经核准1个项目，为包头巴音国家特许权项目，核准容量为200MW，2009年年底，该项目已经全部并网发电，其余9个项目共计规模1 400MW正在抓紧办理项目核准有关支持性文件，目前已经列入了国家批复的内蒙古自治区“十二五”第一批核准风电项目计划，预计2012年内核准。

2.2.3.5 河北张北一期、二期百万基地

张家口百万千瓦级风电基地位于张家口坝上地区，是中国第一个百万千瓦级风电基地，包括一期项目和二期项目。河北张北一期、二期百万基地共由24个风电场项目组成，总容量为2 850MW。其中，一期包含10个项目，二期包含14个项目。目前，一期项目均已全部并网发电；二期项目张北绿脑包、康保牧场、康保屯垦、沽源大脑包项目现已并网发电，尚义麒麟山项目2011年12月份核准在建，其余9个项目暂未核准。

2.2.3.6 河北承德百万基地

承德百万千瓦级风电基地主要位于丰宁县和围场县境内，共由6个项目组成，总容量为1GW。其中国家已经核准3个项目，为御道口牧场、围场五乡梁、丰宁万胜永项目，其中御道口牧场、围场五乡梁项目已并网发电，丰宁万胜永项目已建成36MW。

2.2.3.7 新疆哈密风电基地

新疆哈密风电基地包括哈密东南部、三塘湖和淖毛湖等百万千瓦级风电基地，哈密东南部风区2GW项目是新疆哈密千万千瓦级风电基地的首期重点规划项目。新疆哈密东南部风电基地首批开发项目分为烟墩、苦水两个区域，拟分10个项目，每个项目按照200MW集中开发。

2010年8月，国家能源局下发《新疆哈密地区千万千瓦级风电基地东南部风区2 000MW项目开发建设方案》（国能新能［2010］249号），批准“十二五”期间在哈密东南部风区建设并投产装机容量为2GW的风电场。

目前该10个项目已经完成风电机组主设备招标，并列入了新疆自治区“十二五”第一批核准风电项目计划，预计2012年完成核准（见表2-4）。

2.2.3.8 其他基地

目前，全国还有6个百万千瓦级风电基地正在组织开展建设前期工作。包括宁夏贺兰山百万基地、甘肃武威百万基地、吉林四平大黑山百万千瓦级风电基地、锡林郭勒盟外送风电基地、兴安盟桃合木百万基地以及呼伦贝尔百万风电基地。以上基地基本已完成规划报告初步审查，初步规划总容量14.7GW。尚需结合电力市场消纳研究，确定最终规划规模和建设时序。

2.2.4 部分地区“弃风”严重

风电并网和消纳问题正逐步成为制约风电开发的重大挑战。中国风力资源主要分布在“三北”地区（东北、华北和西北），但电力负荷主要分布在沿海地区，总体上看，风力资源的地理分布与电力负载之间并不匹配。最近两三年来，由于风电开发高度集中于“三北”地区、风电和电网建设不同步、当地负荷水平较低、灵活调节电源少、跨省跨区市场不成熟等原因，风电的并网瓶颈和市场消纳问题开始凸显，“弃风”现象比较突出。“三北”地区尽管风能资源丰富，是全国年上网电量最多的地区，但也是“弃风”最严重的地区。2011年3月，

电监会发布了《风电、光伏发电监管报告》，报告对2010年1—6月未收购风电电量进行了统计。从区域看，华北、东北未收购电量最多，其未收购风电电量分别占全国未收购风电电量的57.20%和38.33%；从省份看，内蒙古未收购电量最多，其未收购风电电量占全国未收购风电电量的75.68%。

《2011年度中国风电建设统计评价报告》对2011年的“弃风”情况进行了统计和分析。通过“三北”地区584个风电场统计分析，蒙东和吉林是“弃风”的重灾区，“弃风”率超过20%，此外，蒙西、甘肃和黑龙江的“弃风”问题也较严重，“弃风”率超过10%（见表2-5）。

表2-4　各基地建设情况汇总表

基地名称	规划/MW	核准/MW	并网/MW	在建/MW
酒泉一期	3 800	3 800	3 600	200
通辽开鲁	1 500	1 500	700.5	799.5
乌拉特中旗	2 100	300	300	0
包头达茂	1 600	200	200	0
张北一期	1 350	1 350	1 350	0
张北二期	1 500	500	400	100
承德	1 000	450	336	114
哈密东南部	2 000	0	0	0
合计	14 850	8 100	6 886.5	1 213.5

资料来源：水电水利规划设计总院、国家风电信息管理中心，《2011年度中国风电建设统计评价报告》。

表2-5　2011年中国重点地区风电“弃风”情况统计

序号	地区	弃风率/%	统计风电场数量
1	蒙东	22.99	98
2	吉林	20.49	44
3	蒙西	17.51	129
4	甘肃	16.99	39
5	黑龙江	14.49	59
6	辽宁	10.34	74
7	新疆	3.21	32
8	河北	3.09	74
9	山东	1.46	57
10	宁夏	0.64	33
11	合计	11.12	639

资料来源：水电水利规划设计总院、国家风电信息管理中心，《2011年度中国风电建设统计评价报告》。

2.3 海上风电

2.3.1 前期工作

中国海岸线长约18 000km，岛屿6 000多个。近海风能资源主要集中在东南沿海及其附近岛屿，有效风能密度在300W/m^{2}以上。5～25m水深、50m高度海上风电开发潜力约2亿kW；5～50m水深、70m高度海上风电开发潜力约5亿kW。

除了丰富的海上风能资源外，中国东部沿海地区经济发达，能源需求大；电网结构强，风电接网条件好，因此，中国发展海上风电具有得天独厚的优势。

2009年1月，国家能源局组织召开全国海上风电工作会议，正式启动海上风电规划工作，沿海各省（市）区均开展了海上风能资源调查和海上风电场工程规划工作。截至2011年年底，上海、江苏、山东、河北、浙江、广东海上风电规划已经完成；辽宁、福建、广西、海南等省（自治区）的海上风电规划正在完善和制定。

已完成的规划中，初步确定了43GW的海上风能资源开发潜力，目前已有38个项目、共16.5GW的项目在开展各项前期工作。

海上风电用海一直是国家能源局和国家海洋局重点关注的问题，随着沿海省份海上风电规划相继完成并通过国家能源局组织的审查，海洋部门把海域使用管理作为其行政管理的重要部分，往往造成国家能源局组织审定的海上规划难以有效执行。为了推进海上风电规划，2011年相关单位与国家海洋局完成了山东、江苏、福建海上风电与本省海洋功能区划（2011—2020年）以及和全国海洋功能区划（2011—2020年）的对接工作，有力地促进了海上风电规划的顺利开展。

2.3.2 建设成果

2011年，中国海上风电建设有序推进，江苏如东150MW海上风电场示范工程完成100MW风电机组吊装；上海安装了单机容量3.6MW和5MW的试验机组各一台；到2011年年底，全国海上风电共完成吊装容量242.5MW。

2010年招标确定的江苏滨海、射阳、东台、大丰等市（县）近海和潮间带区域的4个海上风电特许权项目（1GW）基本完成了海域使用、环评以及路由等相关专题论证，预计2012年6月前核准。东海大桥二期工程也已完成项目可行性研究审查和主设备招标。

上海东海大桥一期海上风电场工程是上海市特许权示范招标项目，也是中国第一个规模化开发的海上风电场，总装机容量为102MW。该项目于2010年8月31日完成全部34台风电机组240h预验收考核，至今已运行超过1年。2011年4月18日，国家能源局下发《关于上海市东海大桥一期海上风电场工程竣工验收及项目后评估的复函》（国能新能［2011］122号），要求水电水利规划设计总院牵头，会同中国可再生能源学会风能专委会开展该项目后评估工作。目前，后评估工作已经完成，评价认为：工程建设方案实现设计水平；工程投资得到有效控制；项目发电能力与设计水平有一定差距；项目存在一定的财务风险。东海大桥海上风电场作为中国第一个海上风电示范项目，其建设经验甚至发现的问题，都对中国今后更好地开发海上风能资源具有重要借鉴意义。

2.3.3 机遇与挑战

根据风电发展“十二五”规划，到2015年年底，海上风电装机容量达到5GW。到2020年年底，海上风电装机容量达到30GW。海上风电的发展现状与规划目标存在着相对的差距。除已建成的近250MW外，另有约2.3GW的海上风电场项目（包括国家风电特许权招标项目1GW）已开展前期工作并落实开发企业。与规划目标相比，仍有一半的容量尚未落实。考虑海上风电场的建设周期，这些容量的风电场应在2012年得到明确和落实。因此，2012年，中国海上风电场的发展面临巨大的机会。

不可否认的是，中国海上风电开发目前还处于起步和探索阶段，在规划和标准、设备制造、工程设计、施工安装、成本控制、运行维护、政策和管理等方面，均缺少成熟的经验。面临的挑战贯穿全产业链。

“十二五”期间，“积极稳妥”将是中国推进海上风电开发的基本思路。海上风电开发参与各方，应积极加强能力建设，提高自身建设、管理水平，确保海上风电开发目标的顺利实现。

2.4 推动中国风电发展的政策和措施

2.4.1 行业管理

2011年是国家“十二五”开局之年，为规范风电产业平稳快速发展，国家行业主管部门印发了一系列行业管理标准和技术要求，其目的是强化风电场建设规划与管理。

（1）国家能源局印发了《风电开发建设管理暂行办法》，进一步健全和完善了风电建设管理体制和机制，加强了风电工程从规划、项目前期工作、开发权、项目核准、工程建设、竣工以及运行等环节的管理，规范和指导全国风电健康有序发展。

（2）对风电开发实行年度核准计划管理。为了把握风电发展节奏，有效发挥风电发电效益，国家能源局于2011年开始实施风电项目核准计划管理，并于7月下达了“关于‘十二五’第一批拟核准风电项目计划安排的通知”，共安排全国拟核准风电项目总规模26.83GW，其中国家核准项目12.75GW，地方核准项目14.08GW。“通知”要求，未列入核准计划的项目不得核准。对于河北、黑龙江、吉林和内蒙古四省区，特别提出了要加快研究区域内风电规划和消纳方案，衔接好电力送出工程，保持风电与电网协调发展等要求。2012年4月，《“十二五”第二批风电项目核准计划》也接踵而至，共计14.92GW。

（3）《海上风电开发建设管理暂行办法实施

细则》（国能新能［2011］210号），2011年7月发布。

针对2010年发布的《海上风电开发建设管理暂行办法》，国家能源局研究制定了《海上风电开发建设管理暂行办法实施细则》，并与国家海洋局联合发文实行。文件对海上风电场规划、预可行性研究、可行性研究阶段的工作内容和要求做出具体规定，明确了各管理部门的职责。同时，还对海上风电场的建设和运行提出了要求。细则明确提出，海上风电场原则上应在离岸距离不少于10km，滩涂宽度超过10km时海域水深不得少于10m的海域布局，有利于规避不同行业用海矛盾，降低开发企业投资风险。该政策实施加大了海上风电的开发难度，导致了2010年4个海上风电特许权招标项目，都要重新确定区域，暴露了政府朝令夕改的问题。

（4）《关于分散式接入风电开发的通知》和《分散式接入风电项目开发建设指导意见》。

2011年7月，国家能源局下发《关于分散式接入风电开发的通知》（国能新能［2011］226号），要求各省（市、自治区）能源主管部门调查评价分散式风电所需风能资源，提出近期分散式风电开发初步方案，并积极探索分散式风电项目开发建设管理规律和经验。文件首次提出了分散式风电开发的边界条件。

2011年11月，国家能源局下发《分散式接入风电项目开发建设指导意见》（国能新能［2011］374号），对分散式接入风电项目的条件、项目选址、前期工作与核准、接入系统技术要求与运行管

理、工程建设与验收等提出了规定。

以上文件的发布，表明中国未来风电的发展将形成分散式和集中式并重的态势，以缓解电网接入的压力。

（5）《风电场功率预测预报管理暂行办法》（国能新能［2011］177号），2011年6月发布。

为加强和规范风电场运行管理，提出所有风电场均应具备风电功率预测预报能力，并按要求开展风电功率预测预报。各风电场预测预报系统自2012年7月1日起正式运行。文件同时对运行管理和监督考核等方面提出了要求。

（6）《关于加强风电并网运行管理的通知》（国能新能［2011］182号），2011年6月发布。

针对2011年以来多次发生大规模风电机组脱网事故，提出加强风电场建设施工管理；加强风电场并网运行管理；提高并网运行风电机组低电压穿越能力；加强电力系统安全运行管理等要求，并对低电压穿越监测、风电并网运行设计规范和反施工措施研究等工作进行了部署。

（7）《关于加强风电场安全管理的通知》（国能新能［2011］373号），2011年11月发布。

针对风电场建设和运行安全事故频发、风电行业安全管理薄弱问题，提出各风电开发企业加强风电场建设各环节安全管理；加强事故信息报送和管理；设备制造企业提高设备可靠性和技术水平；加强风电行业资质管理等要求。

（8）《关于印发风电信息管理暂行办法的通知》（国能新能［2011］136号）。

为完善风电信息管理，规范风电信息报送、审核、统计和发布工作，通知明确国家能源主管部门委托国家风电信息管理中心负责风电信息管理，各省（市、自治区）负责监督、协调本省（市、自治区）风电信息提交工作。通知对信息的收集和提交、信息应用、分析与评价等提出规定，并进一步明确了信息员制度。目前，国家风电信息管理中心已组织开发了“风力发电信息上报系统”和“风电信息员培训认证管理系统”，并已经正式运行。

（9）风电“十二五”规划发布。

受国家能源局的委托，水电总院负责起草“十二五”风电和太阳能发电的专项规划，用1年多的时间，经过3次集中办公，多次征求意见和修改等，目前两项规划均已纳入《可再生能源“十二五”发展规划》序列，进入发布程序。

（10）财政部会同国家发展改革委、国家能源局共同制定了《可再生能源发展基金征收使用管理暂行办法》（财综［2011］115号）。中国可再生能源电价附加由目前每千瓦时4厘上调至8厘。

2.4.2 技术标准

2010年国家能源局开始进行风电行业的标准制（修）订工作，组织成立能源行业风电标准化技术委员会，提出了中国风电标准体系框架，初步计划制定标准183项，主要包括风电场规划设计、施工与安装、运行维护管理、并网管理技术、风力机械设备以及风电电器设备等六大体系框架。

8月初，国家能源局发布了由风电标准技术委员会起草的涉及风电并网、工程概算、机组设备等18项风电技术标准，进一步完善和补充了中国在风电机组制造、工程造价、质量保证、安装运营、维护管理等方面的技术标准，见表2-6。

此外，水电水利规划设计总院起草的风电场建设用地指标；《风电场工程地质勘查规范》；《风电场工程招标设计规范》；海上风电场工程规划、预可、可研及施工组织设计技术规定等多项技术标准和管理办法，已经上报国家能源局待批复。

2.4.3 多项课题研究

2.4.3.1 完成风电并网和消纳能力研究

2009年国家能源局组织水电水利规划设计总院、国家电网公司、电力规划设计总院、中国气象局以及重点省区能源主管部门等单位，对中国风能资源规划开发以及风电接入电网和市场消纳进行了研究。2011年上半年，该课题圆满完成，在中国风电规划目标、消纳方式、调峰电源等风电发展面临的主要问题方面取得了重要成果，为中国风电“十二五”规划制定发挥了重要指导作用，为下一步风电健康快速发展奠定了基础。该课题获得国家能源局软科学科技进步三等奖。

2.4.3.2 东海大桥海上风电场后评估工作

根据《国家能源局关于上海市东海大桥一期海上风电场工程竣工验收及项目后评估的复函》，水电水利规划设计总院牵头开展了上海东海大桥海上风电场后评估工作。该项工作于8月启动，经中间成果现场检查、现场编写后评估报告，已全部完成。

2.4.3.3 甘肃酒泉风电基地一期项目后评估工作

根据国家能源局安排，水电水利规划设计总院牵头开展甘肃酒泉风电基地一期项目后评估工作。目前，已形成了实施方案和工作大纲，并召开了专家讨论会进行完善。

2.4.3.4 出版《风电与电网协调发展综合解决策略》专著

2011年10月，国网能源研究院和维斯塔斯风力技术（中国）有限公司在北京发布了双方联合出版的《风电与电网协调发展综合解决策略》研究专著，对涵盖技术、管理和政策等破解大规模风电并网难题的综合解决策略进行了全面、系统的探讨。书中对风电和电力系统的特点作了阐述，对电网友好型风电场和风电等变动电源友好型电力系统作了深入探讨，并对提高风电消纳能力提出了综合解决的思路。

2.4.3.5 中国风力发电评价体系出台

2011年10月，中国可再生能源学会风能专业委员会和维斯塔斯风力技术（中国）有限公司在北京联合发布了中国风力发电评价体系研究成果。《中国风力发电评价体系研究报告》内容涵盖风电机组技术评价标准、风电机组制造商评价标准、风电场评价标准、风电场项目后评价、陆地风电招标评价标准和海上风电招标评价标准等六个方面。根据行业发展的需要，应建立一套完整的、系统的、适合中国情况的评价体系已成为各方共识。

2.4.3.6 其他课题

国家能源局组织有关单位开展多项课题研究，包括燃气发电提高电网消纳风电能力研究、风能资源多元化利用、西北水电、风电协调运行课题研究、“十二五”规划实现的保障措施研究、新疆能源资源转化课题、风电大基地调研、风电机组高电压穿越研究等。

表2-6　2011年发布的18项风电技术标准一览表

序号	标准名称	标准号
1	大型风电场并网设计技术规范	NB/T 31003—2011
2	风力发电机组振动状态监测导则	NB/T 31004—2011
3	风电场电能质量测试方法	NB/T 31005—2011
4	海上风电场钢结构防腐蚀技术标准	NB/T 31006—2011
5	风电场工程勘察设计收费标准	NB/T 31007—2011
6	海上风电场工程概算定额	NB/T 31008—2011
7	海上风电场工程概算编制规定及费用标准	NB/T 31009—2011
8	陆上风电场工程概算定额	NB/T 31010—2011
9	陆上风电场工程设计概算编制规定及费用标准	NB/T 31011—2011
10	永磁风力发电机制造技术规范	NB/T 31012—2011
11	双馈风力发电制造技术规范	NB/T 31013—2011
12	双馈风力发电机变流器制造技术规范	NB/T 31014—2011
13	永磁风力发电机变流器制造技术规范	NB/T 31015—2011
14	电池储能功率控制系统技术条件	NB/T 31016—2011
15	双馈风力发电机组主控制系统技术规范	NB/T 31017—2011
16	风力风电机组电动变桨控制系统技术规范	NB/T 31018—2011
17	风力发电机线圈绝缘用耐电晕聚酰亚胺薄膜补强玻璃布粉云母带	NB/T 31019—2011
18	风力发电机匝间绝缘用耐电晕聚酰亚胺薄膜	NB/T 31020—2011

3 中国风电产业链发展情况

3.1 设备制造业发展现状

3.1.1 产业规模与市场格局

2011年中国风电整机供应商一共29家，与2009年的43家、2010年的38家相比，整机供应商数量呈现下降趋势，与2008年的30家供应商数量基本持平。需要说明的是，此处使用“供应商”是为了有别于“制造商”。“供应商”是指当年在市场上出售/安装一台样机以上的风电整机制造企业。中国目前登记注册的风电整机“制造商”仍有70余家，但它们不是每年都对市场有贡献。

2011年中国风电新增装机中，市场排名前五的制造商分别为金风科技3 600MW（20.4%）、华锐风电2 939MW（16.7%）、联合动力2 847MW（16.1%）、广东明阳1 177.5MW（6.7%）和东汽946MW（5.4%）；截至2011年，中国累计风电装机中市场排名前五的企业分别为华锐风电12 977MW（20.8%）、金风科技12 678.9MW（20.3%）、东汽6 898MW（11.1%）、联合动力5 282MW（8.5%）和维斯塔斯3 565.5MW（5.7%），见表3-1。

从装机数据分析来看，2011年前十五位供应商合计市场份额占93.20%，与2010年的94.53%相比下降1.33%；2011年前十位供应商合计市场份额占83.18%，比2010年的87.25%下降4.07%；2011年前五位供应商合计市场份额占65.3%，比2010年的71%下降5.7%，见图3-1。

根据以上分析可以得出如下结论：一是中国已经获得风力发电机组生产能力的制造企业尽管数量众多，但在市场竞争中有下降的趋势；二是在近两年市场竞争中，排名靠后的一些企业在市场博弈中收获相对更多。

从图3-2可以看出，2011年前十五家企业中，联合动力、明阳风电、湘电风能、上海电气等10家企业2011年装机数量存在不同程度的增长，而华锐、金风、东汽、维斯塔斯、歌美飒5家企业的装机容量则与2010年相比出现不同程度的下降。

国电联合动力技术有限公司2011年装机达到2 847MW，比2010年增长73.0%，成为2011年最受人瞩目的企业。国电联合动力技术有限公司首批1.5MW风电机组于2008年投放市场，2009年装机768MW，在中国市场排名第四位，2010年装机1 643MW仍然位列第四，2011年则以较大优势晋级三甲。此外，国电联合动力技术有限公司在新产品研发方面也非常迅速，其研制的3MW机组已于2010年下线，2011年12月，联合动力6MW风电机组又在江苏连云港制造基地下线，在时间上仅比华锐6MW风电机组下线相差半年。

另外一家值得关注的企业是南车株洲电力机车研究所，这家企业自2008年首台1.65MW机组下线安装以来，一直保持稳定增长态势。2011年株洲所装机451MW首次进入前十位，也称得上是后起之秀了。在新产品研发方面，株洲所也未落后，其研制的2.5MW机组已安装样机，5MW机组也已在研制中。

表3-1　2011年中国前二十家风电整机企业装机数据

	2010年新增/MW	2010年累计/MW	2011年新增/MW	2011年累计/MW
金风科技	3 735	9 078.85	3 600	12 678.9
华锐风电	4 386	10 038	2 939	12 977
联合动力	1 643	2 435	2 847	5 282
广东明阳	1 050	1 945.5	1 177.5	3 123
东汽	2 623.5	5 952	946	6 898
湘电风能	507	1 089	712.5	1 801.5
上海电气	597.85	1 073.35	708.1	1 781.5
维斯塔斯	892.1	2 903.6	661.9	3 565.5
沈阳华创	486	682.5	625.5	1 308
南车株洲	334.95	465.3	451.2	916.5
通用风能	210	1167	408.5	1 575.5
重庆海装	383.15	479.25	396	875.3
浙江运达	129	723	375	1 098
歌美飒	595.55	2 424.3	361.6	2 785.9
远景风能	250.5	400.5	348	748.5
银星能源	154	252	221	473
三一电气	106	143.5	179.5	323
许继风电	22	26	166	192
华仪	161.64	295.08	151	446.1
苏司兰	199.85	805.1	96.2	901.3
其他	460.9	2 354.47	259.3	2 613.7
合计	18 928	44 733.3	17 630.8	62 364.2

（以2011年新增装机数据排序）

资料来源：《风能》，2012年3月刊。

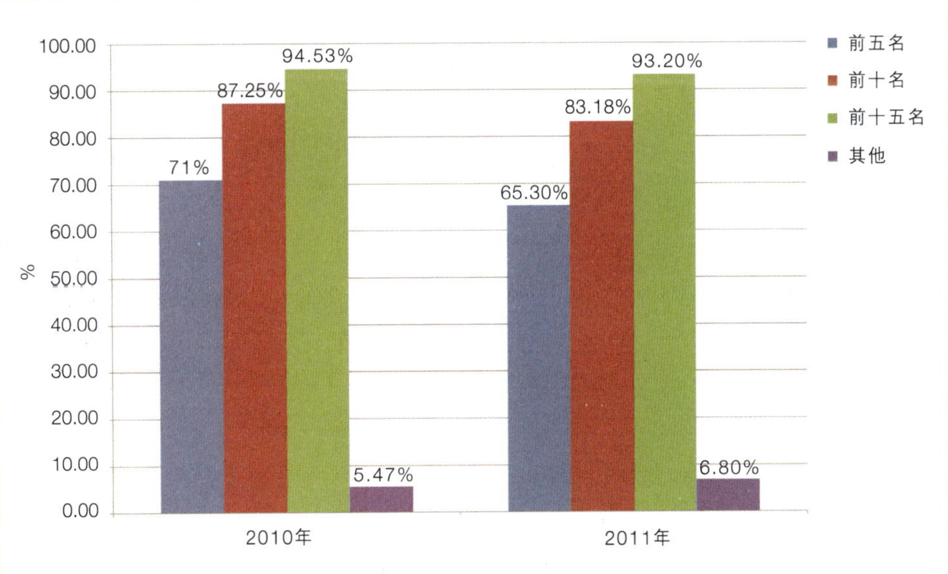

图3-1　中国风电市场前十五名供应商市场份额（2010—2011年）

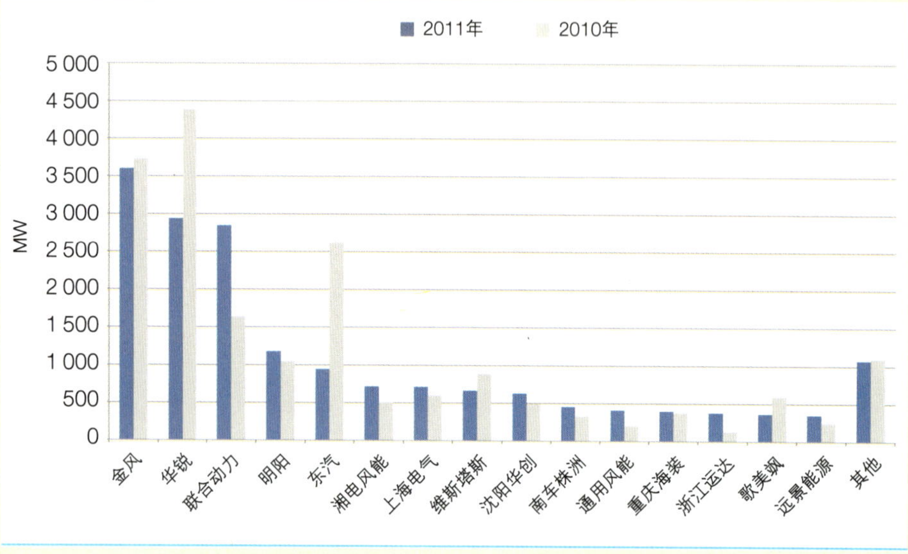

图3-2　2011年中国风电市场前15家供应商装机情况

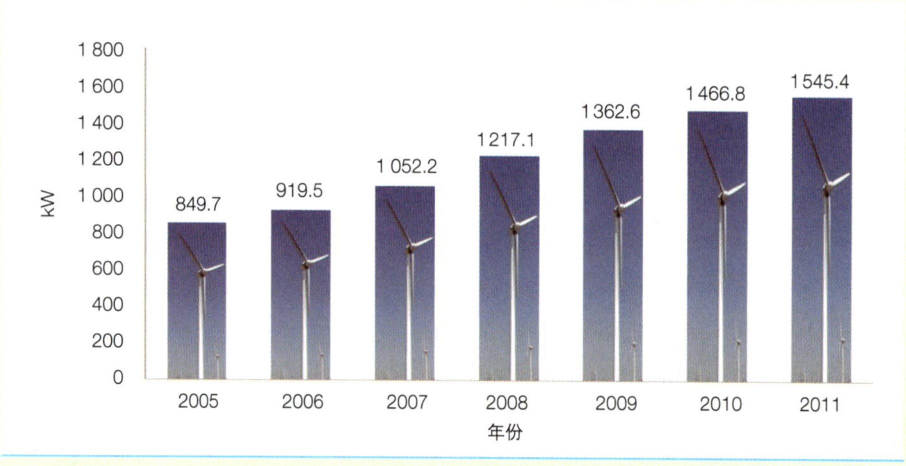

图3-3　中国风电装机单机容量变化趋势

图3-4　国家能源风能太阳能仿真与检测认证技术重点实验室保定叶片检测中心

金风和华锐在装机容量上都比2010年有所下降，不过，它们2011年仍然分别保持了中国市场第一和第二的位置。此外，金风和华锐在新产品研发、国际市场拓展等方面的业绩也是可圈可点。金风、华锐、联合动力和明阳均排在2011年全球十大制造商之列。

外资企业在华业务这两年受国内企业的冲击较大。主要原因是这几年中国国产风电设备形成了批量供应能力，且市场售价连年走低。在业主招标时外资产品因价格较高而处于评分的劣势。不过，外资产品在可靠性等方面还是更受到市场信赖的，这也是维斯塔斯和歌美飒等跨国公司在全球各地都拥有较大市场的主要原因。中国早期风电市场曾由于设备供应不足而缺乏竞争，前几年随着国内大批企业的产品投放市场，市场竞争突然爆发，而价格战成为重要手段。随着市场竞争的理性回归，产品质量及售后服务等核心价值必将再次受到市场重视，国内企业和国外企业的竞争也将回到同一起跑线。期待国内企业和国外企业都有很好的市场表现，共同推动风电技术的进步，保证风电产业稳步健康发展。

2011年中国新安装的风力发电机组11 409台，平均功率1 545.4kW，与2010年相比继续保持增长，如图3-3。在2010年新增风电装机中，功率为1.5MW的机型仍然保持绝对优势，占新增装机容量的74.1%，功率为2MW的机型占14.7%，2.5MW以上的机组占3.5%，其他如1MW、1.25MW、1.6MW、1.65MW、2.1MW、2.3MW机型累计占5.3%，而功率小于1MW的风电机组仅占2.4%。

从风力发电机组技术特点来看，采用增速齿轮箱、双馈发电机的变桨变速型风电机组因为技术较为成熟，在市场上供应量较多；无增速齿轮箱、采用同步发电机和全功率变流器的直驱型风电机组正受到更多的关注，也有更多的企业参与到这类机组的研发、设计和制造中来。

值得注意的是，近年来由于全功率变流技术的逐渐成熟，全功率变流器应用逐渐增多，而且不再局限于直驱型风力发电机组。采用同步发电机、全功率变流器，搭配增速齿轮箱（或一级增速齿轮箱）的技术组合形式在百千瓦级和多兆瓦级风电机组中都有灵活应用。

中国风电零部件供应自2008年起已基本满足市场需求。这些零部件企业既有国内企业，也有国外企业在华设立的工厂。其中风电叶片企业数量最多，不含整机企业的自制叶片工厂，曾一度出现30余家叶片生产企业。不过这些叶片企业有的至今从未批量投产，也有的已明确表示退出市场。目前市场份额较大的几家独立的叶片生产企业依然是中国复合材料集团公司、中材集团、中航惠腾、LM等。齿轮箱、发电机等部件生产企业的市场格局变化不明显。值得说明的是，此前国产化率最低的风电机组主轴轴承、齿轮箱轴承和变流器等产品目前已进入国产化批量生产阶段。

如上所述，当前国内整机企业自产零部件的趋势比较明显，专业从事风电部件研制的企业，总体上正受到这些整机企业对它们市场空间的挤压。

风电整机企业自制零部件，主要是为了保证市场供应、保证产品质量、保证最低成本。在当前风电零部件供应体系日趋完善的情况下，作为专业从事风电零部件生产的企业，需要在满足整机企业上述要求的前提下，在研发创新、质量控制、成本控制等方面保持优势，才能赢得更多的市场。

3.1.2 发展特点及趋势

本报告基于对近年来中国风电设备制造行业发展形势的梳理，结合2011年产业发展动态，认为该行业在行业管理、能力建设、经营战略、产品研发等方面有以下特点和趋势。

3.1.2.1 风电设备运行可靠性越发受到重视

2010—2011年，国家能源局委托中国可再生能源学会风能专业委员会（简称风能专委会）开展了风电设备质量调研，引起行业及媒体的关注。调研结果除上报国家能源局以外，风能专委会还结合调研中发现的问题，发布了反事故措施，以起到行业预警作用。

2011年11月，国家能源局发布了《关于加强风电场安全管理有关要求的通知》，要求风电场业主加强风电场质量安全管理，对发生风电设备质量问题及时上报；要求风电设备制造企业加强工艺控制和质量管理，不断提高机组的可靠性和技术水平；委托风能专委会定期对在运行的风电机组实施质量调研，并把调研结果及质量评价结果对外公布，针对发现的共性问题或典型事故，要发布相应的反事故措施和行业预警信息。

另外，在2011年北京国际风能大会期间，中国可再生能源学会风能专业委员会联合维斯塔斯公司及行业专家共同研究编制的《中国风力发电评价体系研究报告》、国家发改委能源研究所与国际能源署等机构共同出版的《中国风电发展路线图2050》等先后举行发布会。这些研究报告结合国外发展经验，对解决风电设备质量评价、风电设备运行管理、风电机组技术发展趋势等问题，都具有很高的参考价值。

政府部门、行业协会、研究机构及产业界都把风电行业健康稳定发展摆到十分重要的位置，通过不同方式来促进风电设备运行可靠性的提高。在政府部门的引导下，随着行业发展的不断成熟，一个更加健康、有序、可持续发展的风电产业链即将形成。

3.1.2.2 以企业为依托的风电技术研发体系日益完善

科技部和国家能源局曾于2010年，先后成立多个风能行业的研发中心及重点实验室，依托国内主要科研机构和龙头企业，开展基础研究，促进技术进步。

2011年11月，国家能源局又授牌成立了“国家能源风能太阳能仿真与检测认证技术重点实验室”，依托单位是北京鉴衡认证中心。这标志着中国风能、太阳能行业有了集技术标准研究、检测认证技术研究和检测认证实践于一体的公共技术服务平台，将加快推动中国风能、太阳能行业技术进步和国际化进程。

鉴衡认证中心是一家专业从事风能、太阳能等可再生能源产品检测认证的科研型技术服务机构，

拥有风能太阳能领域技术领先的检测认证队伍，并已在保定建立了叶片检测中心，见图3-4。国家能源风能太阳能仿真与检测认证技术重点实验室的成立，将进一步提升中国在风能、太阳能检测认证方面的能力。

包括科技部批准设立的工程技术中心或实验室，中国风能行业依托优势企业成立的国家级研发中心、工程技术中心或重点实验室，已涵盖风电叶片、发电机、风电系统、控制系统、海上技术装备、海上风电工程、风电场运营、风电并网、仿真及检测认证等相关技术环节，风能科技研发体系日趋完善，见表3-2。

3.1.2.3 适合不同运行环境特点的陆地用风电机组研制受到重视

中国风能资源分布特点，造成了中国风电场集中分布于远离中心城市的偏远地区，并形成“大规模，高集中”的风电开发模式。在当前大型风电基地并网及消纳问题日益突出的情况下，中国提出大型基地与分布式开发并举的转变思路，为行业平稳发展带来新的动力。

2011年，中国在稳步推进大型风电基地建设的同时，积极研究推进分布式风电接入技术和分散式风电项目开发规划。国家能源局“十二五”拟核准的数千万千瓦风电项目中，有许多项目也都位于内陆大基地规划以外的区域。

这类项目所处区域一般年平均风速较低，或者海拔较高，与大基地规划区域环境特点明显不同。为满足这些项目的开发需求，设备制造商在风力发电机组开发时，针对不同项目环境特点纷纷推出“低风速”或“高海拔”机型，使得这些项目更具开发价值。

中国分布式风电开发到2015年的装机目标是30GW（含已建和在建项目）。这意味着量身定制风电机组，在今后不但有很大市场空间，也是中国风电开发不断走向成熟的必然趋势。

3.1.2.4 适用于近海风电场的多兆瓦级海上风电机组研制加快

中国在“十一五”期间，通过不同模式获得了兆瓦级风电机组研制技术并实现批量生产能力，有力支撑了中国风电市场的规模化发展。“十一五”末期，中国多家企业先后成功研制了功率在3MW及以上的风电机组，成为中国第一批海上风电特许权项目的有力竞标者。

海上风电在国内、国外都是风电开发的重要方向。因此，许多跨国公司都宣布了研制更大功率风电机组的计划，功率范围多集中在4～7MW，其中德国研制的6MW和7.5MW机组已经在陆地试运行。据不完全统计，到2011年为止中国大约有20家整机企业宣布了研制多兆瓦级大功率风电机组的计划，功率范围多集中在3～6MW，见表3-3。其中2011年5月，华锐6MW风电机组的下线，2011年12月，国电联合动力技术有限公司6MW风电机组下线，这标志着中国风电机组大型化研制已经迈上一个新的台阶。

制造业面向海上风电积极研制多兆瓦级风电机组，这将为今后中国开发海上风电提供更多的机型选择。但是，开发海上风电机组在技术、经验和市场等方面面临更多的挑战，需要研制单位提早有足够的重视。

3.1.2.5 风电整机制造业上下游一体化发展趋势明显

风电整机制造企业从事风电场开发在国外早有先例，如印度苏司兰公司和西班牙歌美飒公司等都在从事风电场开发。其中歌美飒已将该模式引入中国，在与中广核、华电等开发企业的合作中，也提高了风电机组的销售业绩。在国内整机企业中，最早运用这种模式的是金风科技，金风科技通过其子公司北京天润目前在国内和国外都有成功项目案例。近年来，浙江华仪、保定天威、湘电风能、长星风电、天地风能等企业，也都在运作自己的风电项目。

开发风电场前期投资大，回报率较低，且回报周期长，使风电整机企业承担的风险较高，此外，投资风电场占用资金过大，有可能影响整机研发制造的主业，这些问题需引起重视。

中国风电整机企业自己配套生产零部件是当前另一趋势（见表3-4）。如金风、华锐、联合动力、明阳风电、三一电气等许多整机企业都在结合自己的优势研发生产零部件。其中自产叶片、发电机、变流器和控制系统的整机企业最多，也有的自产齿轮箱等其他零部件。

整机企业对风电产业链的整合尽管有许多优势，但应保持适度。零部件研制生产需要投入大量资金，组建专业研发生产队伍，购买昂贵加工生产及检测设备等。在市场快速上升时，产业链整合带来的是成本下降，但一旦遇到困境，过度整合的产业链反而会成为不良资产，有可能拖累企业的继续发展。

3.1.2.6 国内风电企业海外市场布局明显加快

随着中国风电产业的不断成熟发展，国内企业纷纷加强了海外市场战略布局。自2007年年底，中国先后有多家企业实现风电设备出口，尽管数量不多，但在融入国际市场的进程中，仍然具有重要的战略意义。

2011年中国企业海外布局明显加快，许多风电设备制造企业都成立了海外市场部，积极拓展国际市场。据企业自己公布的消息，2011年华锐在巴西获得风电机组采购订单，联合动力、三一电气、重庆海装在美国各获得订单，上海电气在印度获得订单，金风科技则在美国、澳大利亚、智利、厄瓜多尔、埃塞俄比亚等均有收获，其他见表3-5。

此外，如国家开发银行、中水顾问国际工程公司、大唐集团公司、中国节能投资公司等一些企业，也在积极拓展海外风电场投资建设项目，在以不同形式获得海外风电项目的建设和运营权的同时，也为国产风电设备出口起到一定助推作用。作为国内的风电设备检测和认证机构，北京鉴衡认证中心积极推动中国风电设备检测认证的国际互认，并已经获得非洲、拉丁美洲及东南亚等一些国家的采信，这为中国风电设备出口消除了贸易壁垒。

随着中国风电企业在国际市场上渐行渐近，产业界也应注意学习国外的经贸政策和专利保护知识，避免在知识产权、劳动就业、经贸合作等方面出现摩擦。国内企业之间也应保持合理竞争，维护中国风电企业的整体利益。

表3-2 科技部和国家能源局批准挂牌的研究机构（2010—2011年）

研究机构名称		依托单位
科技部批准设立	风电设备及控制国家重点实验室	国电联合动力技术有限公司
	国家海上风电工程技术研究中心	中船重工（重庆）海装风电设备有限公司
	风力发电系统国家重点实验室	浙江运达风电股份有限公司
	海上风力发电技术与检测国家重点实验室	湘电集团有限公司
国家能源局批准设立	国家能源风电叶片研发(实验)中心	中国科学院工程热物理研究所
	国家能源海上风电技术装备研发中心	华锐风电，上海交通大学
	国家能源大型风电并网系统研发(实验)中心	国家电网公司
	国家能源风力发电机研发中心	湘电股份湘潭牵引设备电气所等
	国家能源风电运营技术研发中心	国电集团，龙源电力集团股份有限公司
	国家能源风能太阳能仿真与检测认证技术重点实验室	北京鉴衡认证中心

表3-3 中国部分企业大功率海上风电机组研制进展

企业简称	机组型号	单机功率/MW	研制进展
华锐风电	SL3000	3 000	批量装机
	SL5000	5 000	样机
	SL6000	6 000	样机
金风科技	GW3000	3 000	样机
	GW6000	6 000	在研
东汽	DF3000	3 000	在研
	DF5500	5 500	在研
联合动力	UP100	3 000	样机
	UP100-DD	3 000	样机
		6 000	样机
明阳风电	SCD3.0	3 000	样机
	SCD6.0	6 000	在研
上海电气	SE3600	3 600	样机
	SE6000	6 000	在研
湘电风能	XE115-5000	5 000	样机
重庆海装	H5000	5 000	在研
三一电气		6 000	在研
沈阳华创	CCWE3000	3 000	样机
南车株洲所	WT2500	2 500	样机
	WT5000	5 000	在研
浙江运达	WD2500	2 500	样机
	WD5000	5 000	在研
浙江华仪	HY3000	3 000	样机
	HY5000	5 000	在研
远景能源	E6000	6 000	在研

资料来源：《风能》，2011年12月刊。

表3-4 中国部分整机企业自产零部件情况

企业名称	自产的关键零部件
金风科技	发电机、变流器、控制系统
海装风电	叶片、发电机、齿轮箱、变流器、控制系统
湘电风能	叶片、发电机、轴承、变流器
新誉集团	叶片、发电机、控制系统、塔架、齿轮箱
联合动力	叶片、发电机、变流器、控制系统、齿轮箱
东方电气	叶片、发电机、变流器、控制系统、塔架、轮毂
明阳风电	叶片、变流器、控制系统
三一电气	叶片、发电机、变流器、控制系统、齿轮箱
华锐风电	变流器、控制系统、齿轮箱、偏航齿圈
浙江运达	控制系统
上海电气	发电机、变流器、控制系统
南车风电	叶片、发电机、变流器、控制系统、机舱罩、齿轮箱
华创风能	发电机、控制系统
保定天威	叶片、发电机、控制系统、塔架
维斯塔斯	叶片、发电机、控制系统、齿轮箱
歌美飒	叶片、发电机、变流器、控制系统、齿轮箱

资料来源：《风能》，2012年2月刊。

表3-5 2011年部分中国企业参与国外市场情况

企业名称	合作单位	方式	涉及国家	相关情况
金风科技		投资	澳大利亚	建设澳大利亚Mortons Lane风电场，含13台1.5MW机组
金风科技	伊利诺伊州	投资	美国	在Shady Oaks风电场建一个总投资近2亿美元、规模超过100MW的风电场项目
金风科技	中水顾问国际工程公司	合作	埃塞俄比亚	为Adama风电场提供34台1.5MW整机
金风科技	CELEC EP	合作	厄瓜多尔	提供11台1.5MW直驱永磁高海拔型机组
金风科技		销售	智利	为Negrete风电场提供23台1.5MW机组
华锐风电	希腊PPC	合作	希腊	开发一个陆地风电场及一个海上风电场，并在希腊建设生产基地
华锐风电	Desenvix	合作	巴西	将为位于巴西Sergipe地区的风电场提供23套风电机组
华锐风电	Mainstream	合作	爱尔兰	未来5年双方将在爱尔兰共同开发和建设1000MW的风电项目
湘潭电机	美国渔夫能源	合作	美国	出口6台5MW海上风电整机
中能风电		合作	韩国	出口1.65MW叶片
南高齿	法国阿尔斯通	合作	西班牙	出口齿轮箱，配套1.67MW机组
南高齿	苏司兰	合作	印度	出口齿轮箱，配套1.5MW机组
三一电气	中航国际新能源	投标	美国	开发德州10MW风电项目，供应5台2MW机组
湘电风能	Gaclcotric Holdings Plc	合作	爱尔兰	6台XV90风电机组整机的买卖合同
湘电风能		销售	阿根廷	出口总共300MW的风电机组
湘电风能		销售	马尔代夫	出口总共50MW的风电机组
龙源电力	歌美飒	合作		全球风电场开发
龙源电力	梅兰克森	合作	加拿大	100MW风电项目股权收买协定
海装风电		销售	美国	出口2台2MW风电机组
上海电气	KSK Energy	合作	印度	出口125台2MW风电机组
联合动力		投资	巴西	投资建厂
联合动力		销售	美国	为德州Corpus Christi项目供应6台1.5MW机组

资料来源：《风能》，2011年11月刊。

3.2 开发商发展现状

3.2.1 产业规模

一直以来中国风电场开发企业以国有大型电力企业为主。目前，参与中国风电场投资开发的企业目前已有60余家（不含分公司），除几大央企以外，其他企业风电场开发规模还很小。总体来看，中国风电场开发企业可以大致分为以下几类：

（1）大型央企：包括国电（龙源）、大唐、华能、华电、中电投、中广核、中海油、中节能、神华（国华）、三峡、华润、国家电网、中国水利水电建设集团、中国水电工程顾问集团等；

（2）地方国有企业：如北京京能、天津津能、上海申能、山东鲁能、广东粤电、宁夏发电、山西国际电力、河北建投（新天绿色能源）、福建能源、中闽能源、福建投资开发总公司等；

（3）民营及外资企业：如黑龙江中宇投资、天津（河北）博得、中国风电集团、香港协鑫、山西云光风电、武汉凯迪、道达重工、通辽泰和、宏腾能源、港建新能源、UPC等；

（4）参与风电场开发的整机制造商：如金风科技（天润）、歌美飒、浙江华仪、保定天威、长星风电、天地风能、湘电风能等。

2011年中国前十家风电场开发商合计装机13.43GW，比上一年减少660MW；十家企业合计市场份额占全国新增装机的76.2%，与2010年的74.4%相比增加1.8%。

在2011年风电场新增装机较上一年出现小幅下降的情况下，国电集团（含龙源电力和国电电力）新增风电装机3 860MW，比上一年增加370MW，继续保持国内风电场开发商第一的位置。与2010年相比装机容量出现下滑的有：华能减少942MW，中广核减少490MW，新天绿色能源减少185MW，大唐基本持平，华电、国华、中电投、华润、京能则都略有增加。

2011年中国前十位风电场开发商装机数据及市场排名情况见表3-6和表3-7。

3.2.2 发展特点与趋势

“十一五”期间，大型央企及地方国有企业成为中国风电场开发的主力军，中国近年开发的风电项目有接近90%由这些企业投资建设完成。尤其是大型千万千瓦级风电基地的建设和海上风电项目的启动，使得风电项目规模越来越大，前期资金投入也随之增大，无形中给民营企业等其他中小型风电开发商提高了门槛，使得他们的投资机会受到影响。进入“十二五”以来，国家提出风电大基地建设与分散式开发并举的指导思路，一些内陆地区开始因地制宜规划风电开发项目，这些项目数量较多、规模一般不大，为中小型风电投资企业带来了机会。

2011年中国陆地风电场建设静态平均投资成本①已下降到7 000～8 000元/kW，而风电场投资

①静态投资是指编制预期造价时以某一基准年、月的建设要素单位价为依据所计算出的造价时值。包括因工程量误差而可能引起的造价增加，不包括以后年月因价格上涨等风险因素而增加的投资，以及因时间迁移而发生的投资利息支出。

热情却在逐渐降低。主要是由于国家实行紧缩的货币政策，部分银行调低了风电等可再生能源信贷额度，使得风电开发企业通过银行贷款获得资金的方式遇到困难。因此，风电开发企业需要改变传统单一信贷渠道，通过其他融资渠道募集资金，如上市、债券等，从而保证风电开发的可持续性。

2011年，国家能源局结合中国风电场开发及运维管理当中出现的一些问题或现象，出台了《风电开发建设管理暂行办法》，明确了风电场项目审批流程，提出未经核准的风电项目，不享受电价补贴，项目建成1年后要开展后评估，风电场运行信息要按时上报，风电场发生质量事故要上报等一些具体要求，这也将成为风电开发商今后在项目审批、运行管理等方面需要统一的行为规范。

此外，国家能源局2011年还印发了《风电场功率预测预报管理暂行办法》，要求所有已并网运行的风电场在2012年1月1日前建立起风电预测预报体系和发电计划申报工作机制，并从2012年7月1日起正式开始运行。电网调度机构根据风电场传送的功率预测结果，综合考虑系统运行要求，按照优先调度风电的原则，编制风电场发电计划，并及时向风电场通报。新建风电场要同步建设风电预测预报体系和发电计划申报工作机制。这些规定有利于提高电网公司对风电调度的计划性，可在一定程度上增加风电的消纳比例，同时也为风电开发商在风电场运行管理方面提出了更高的要求。

表3-6　2011年中国新增风电装机排名前十名的开发商

序号	开发商	新增装机容量/MW	市场份额/%
1	国电集团★	3 860.5	21.9
2	大唐集团	2 235.1	12.7
3	华能集团	2 229.0	12.6
4	华电集团	1 104.0	6.3
5	国华	1 094.5	6.2
6	中电投集团	866.3	4.9
7	华润	796.1	4.5
8	中广核	527.0	3.0
9	京能	372.0	2.1
10	新天绿色能源	343.6	1.9
其他		4 202.9	23.9
总计		17 630.9	100.0

★ 国电集团包括龙源电力和国电电力。

资料来源：《风能》，2012年3月刊。

表3-7 2011年中国累计风电装机排名前十名的开发商

序号	开发商	累计装机容量/MW	市场份额/%
1	国电集团★	12 861.3	20.6
2	华能集团	8 578.0	13.8
3	大唐集团	8 007.1	12.8
4	华电集团	3 829.9	6.1
5	国华	3 440.1	5.5
6	中电投集团	2 944.9	4.7
7	中广核	2 891.5	4.6
8	华润	1 773.4	2.8
9	京能	1 686.3	2.7
10	新天绿色能源	1 278.6	2.1
其他		15 073.4	24.2
总计		62 364.2	100.0

★ 国电集团包括龙源电力和国电电力。

资料来源：《风能》，2012年3月刊。

数据链接

根据中国水电水利规划设计总院的数据，到2011年年底，全国国有企业累计风电并网容量37.98GW，占全国风电总并网容量（47.83GW）的79.4%，民营企业累计并网容量2.18GW，占全国总并网容量的4.6%，外资企业累计并网容量约630MW，占全国总并网容量的1.31%，中外合资企业累计并网容量7050MW，占全国总并网容量的14.7%。

到2011年年底中国五大发电集团累计并网容量27.1GW，占全国总并网容量的57%。国电集团以累计并网容量9.81GW位列国内风电并网容量第一名，华能集团和大唐集团分别以6.58GW和5.74GW列第二位和第三位，其他各投资企业基本保持稳定发展状态，见表3-8。

表3-8 2011年中国主要风电投资企业建设情况

序号	投资企业	2011年末累计并网/MW
1	国电	9 812.9
2	华能	6 581.0
3	大唐	5 743.0
4	国华	2 353.0
5	华电	2 837.1
6	中广核	2 200.6
7	中电投	2 124.5
8	华润	1 382.8
9	三峡	1 340.3
10	其他	13 460.4
合计		47 835.6

资料来源：水电水利规划设计总院、国家风电信息管理中心，《2011年度中国风电建设统计评价报告》。

3.3 风电服务业发展现状

3.3.1 风能资源评估与预测能力建设情况

为更好地满足中国风能资源持续、有序、合理地规划和开发利用需要，在国家发改委、财政部及相关部门的支持下，中国气象局于2008年起牵头组织实施了“全国风能详查和评价”项目。在该项目实施过程中，中国气象局针对风能资源规划和风电场选址需要，采用规范、统一的标准，在中国大陆风能资源可利用区域设立了400座70～120m高的测风塔，初步建成了全国陆上风能资源专业观测网。该专业观测网的持续运行，可为开展风能预报业务和风电场后评估提供基础支持。

中国气象局风能太阳能资源评估中心在引进和吸收加拿大、丹麦和美国等风能数值模拟评估的成功经验基础上，根据中国地理、气候特点进行改进和优化，采用先进的地理信息系统（GIS）分析技术，开发了适于中国气候和地理特点的风能资源评估系统（WERAS/CMA），数值模拟的水平分辨率达到1km以下，风能参数模拟精度能够满足各级风电规划和风电场选址需要。

此外，中国气象局还在该项目执行过程中，研发了规范、适用的风能资源计算评估系统，建立了风能资源数据库共享系统，编制完善了一系列风能资源详查和评价的规范性技术文件，这些成果都将为今后开展区域性风能资源详查和风功率预测发挥积极作用。

中国气象局在数值天气预报模式BJ-RUC 基础上，根据风电场功率预报需求，经过对模式参数化方案、运行策略进行调整完善，建立了中国气象局风能预报业务系统。经过发展和改进高密度地面观测资料、雷达资料、卫星资料和专业测风塔资料的同化技术，极大地提高了风电场的预报精度。

3.3.2 风电标准体系建设情况

中国的风电标准包括国家标准和行业标准，由中国国家标准化管理委员会统一归口管理。国家标准由全国各专业标准化技术委员会组织制定，在全国范围内统一技术要求。对于没有国家标准又需要在全国某个行业内统一的技术标准，可以由国务院有关行政主管部门或国务院授权的有关行业协会组织制定行业标准。

随着中国风电产业的发展，全国各相关专业标准化技术委员会经过多年的努力，已经初步建立了涵盖风电机组整机、零部件、材料、设计、测试等多个方面的风电标准体系。以大型并网风电机组相关标准为例，到2011年中国已颁布实施的国家标准40项，其中10项由IEC标准、1项由AWEA标准转化而来，标准内容涵盖风电机组的安全要求、产品性能、检测方法以及风能资源评估、风电场要求等。另外正在编制中的国家标准有26项，还有一些标准正在修订中。

除国家标准外，各相关行业也针对风电行业发布了诸多行业标准，如电力行业标准《风力发电场项目建设工程验收规程》（DL/T

5191—2004）、机械行业标准《风力发电机组一般液压系统》（JB/T 10427—2004）等，这些行业标准在指导风电机组设计、制造、安装以及风电场建设等方面发挥了重要作用。

2010年3月，国家能源局在北京组织召开能源行业风电标准化工作会议，全面启动中国风电标准体系建设。会上国家能源局宣布成立能源行业风电标准建设领导小组、能源行业风电标准建设专家咨询组，同时建立能源行业风电标准化技术委员会（以下简称标委会），由标委会根据职责分工设立标准制定工作组，并发布了《风电标准体系框架（讨论稿）》（国能科技［2010］16号），拟定七大类、173项标准，为中国建立和完善风电标准体系提供了大纲。作为风电标准体系建设的阶段性工作通报，2011年8月5日，国家能源局在北京召开的能源行业风电标准化技术委员会一届二次会议暨能源行业风电标准化工作会议上，审定并发布了《大型风电场并网设计技术规范》等17项重要标准，涉及大型风电场并网、海上风电建设、风电机组状态监测、风电场电能质量、风电关键设备制造要求等风电产业发展目前急需的技术标准，填补了技术空白。

3.3.3 风电检测及认证能力建设情况

根据中国合格评定国家认可委员会的认可，目前中国从事风电机组检测的第三方检测机构有中国电力科学研究院风电并网研究和评价中心、中科鉴衡风能检测研究中心和东北电力科学研究院的风电机组电气特性实验室。总体来看，中国已具备了风电机组功率特性测试、电能质量测试、噪声测试和载荷测试能力。

为满足风电设备现场检测试验和开展风电设备型式认证的需要，中国目前已经建设投入运行的风电公共试验平台有两个，一个是国家能源大型风电并网系统研究（实验）中心张北风电试验基地，另一个是国家能源风能太阳能仿真与检测认证技术重点实验室保定风电叶片与轴承检测中心。

张北风电试验基地是国家电网公司承建的国家能源大型风电并网系统研发（实验）中心的重要组成部分，在国家发改委和财政部资金的支持下，2010年在河北省张北县满井地区建成。试验基地占地约24km^2，共设30个机位，基地地形平坦，交通便利，电网接入条件良好，风能资源丰富。张北风电试验基地可开展风电机组低电压穿越能力测试、电网适应性测试和风光储联合运行测试等综合性研究测试工作。

国家级风电叶片与轴承检测中心位于河北省保定市，是国家能源风能太阳能仿真与检测认证技术重点实验室的一部分。检测中心占地面积35 960m^2，主要包括叶片原材料实验室、叶片试验厂房、轴承检测平台、变桨系统检测平台等，能够完成包括叶片原材料、叶片零部件以及长度达到100m左右的全尺寸叶片结构试验、无损检测、叶片风电场跟踪测试，以及多兆瓦级风电轴承和变桨系统的相关测试，试验条件达到国际先进水平。目前，检测中心具备叶片及原材料测试功能的一期工程已经投入运行。二期工程为轴承和变桨系统测试平台，预计2013 年投入使用。

中国获得国家认监委批准开展风电设备认证工作的有两家机构：一家是鉴衡认证中心，是国内专业从事风能、太阳能等可再生能源产品标准研究和质量认证的第三方认证机构；另一家是中国船级社质量认证有限公司，在船舶及其他许多领域都有丰富的认证经验。中国认证机构可以开展风电机组设计认证、型式认证，风电场项目认证和风电机组部件认证等。

3.3.4 风电保险服务业情况

在风电发展成熟的欧美国家，保险业与风电行业的结合已非常紧密。在欧洲、美国和澳大利亚，风电企业的风险管理日趋精细化和专业化。除了财产一切险和机器损坏险之外，越来越多的风电企业购买各种形式的利润损失险，如风速保险、非计划停运保险等。保险业根据实际需求也开发了一些创新型保险产品和服务，如天气/ 风资源衍生类保险产品、风电CDM项目保险产品及贯穿风电项目全过程的综合性保险产品等。国外风电企业购买保险态度积极，保险人和被保险人也能够进行有效沟通，紧密协作，共同进行风险防范、规避和管理，达到“双赢”的目的。

中国从事风电保险的保险公司数量并不少，国内的保险公司如中国人保财险公司、中国平安保险公司、永诚财险公司、英大泰和财险公司等，国外的保险公司如太阳联合保险公司等。但是，中国风电行业与保险行业的结合尚处于发展初期，风电保险市场规模还很小，风电保险产品也以企业财产险、货物运输险、建筑安装工程险、机器损坏险等传统型保险产品占据主导地位。

中国风电保险市场发展缓慢，一方面是由于风电企业的投保观念相对保守，对保险的作用和价值还缺乏正确的认识，风电企业购买保险的产品种类和积极性都与欧洲国家相去甚远。另一方面，保险公司对刚刚发展起来的中国风电设备制造行业还缺乏信任和了解，风电企业数量众多，质量控制水平参差不齐，让保险公司望而却步。有的保险公司冒然进入不熟悉的风电领域，出现高额赔偿后不敢继续承保，或通过提供保费规避自己的风险，这都影响了风电保险市场的发展。另外，中国风电保险市场上第三方服务机构的发展不够成熟，缺乏拥有保险和风电知识的复合型人才，也很难找到具备风电事故检测、定损能力的权威第三方机构，设备出险后无法由国家级的权威专业机构参与定损并出具检测报告，投保人和被投保人难以就定损问题达成一致。

总之，迅速发展起来的风电行业需要保险行业的更多介入来转移风险，同时中国风电市场的规模化发展也给保险行业创建了一个庞大的新兴市场。风电和保险的结合是这两个产业发展到一定阶段的相互需求，但当前这种潜在的需求还未被充分唤醒。因此无论是国内的保险公司还是风电企业，都需要充分加强对彼此的深度认识，共同进行风险防范，在合作中实现“共赢”。作为行业协会和风电检测认证机构，也需要为双方的合作提供更多的信息服务和技术服务，促进中国风电保险市场的稳健发展。

4 中国风电发展再认识

中国风电产业经历了近20年的发展，尤其是近10年来的快速发展，整个产业已步入了新的发展阶段，一些问题需要重新认识。

4.1 速度与效益

在过去的20多年间，规模化和高速度是中国风电发展的主旋律，速度与效益的矛盾并不突出。2011年开始，中国风电发展开始转型，快速发展带来了各方面的不适应，速度与效益的矛盾随之产生。

4.1.1 速度——产能过剩加剧，新技术急于应用风险大

4.1.1.1 主要厂家继续扩张，产能过剩加剧

据统计2011年中国主要风电设备制造行业产能已达到30GW以上。而与此同时，2011年国内新增风机装机容量仅为18GW，海外市场的开发才刚刚处于尝试阶段。这导致国产设备40%以上的产能处于闲置状态。由于2012年机组市场不容乐观，总产能已远远超过国内市场需求，与中国目前在国际风电机组市场和风电场开发的速度与进展也不相适应，风电设备产能过剩已成定局。风电设备产能过剩的主要原因是大型企业的扩张。由于主要风电机组制造企业均有上市或国有大公司背景，资金充足、实力雄厚，2011年产量和产能继续扩张。

这种被迫扩张的动因有两个。第一是竞争的需要，产能提高才有可能承担大额订单、形成规模效益并由此得到一定的竞争优势。第二是获取风电市场资源的需要。有些大企业受到风力资源丰富地区所采取带有地方保护主义色彩的所谓“资源换产业”地方政策的压力和引诱，不得不在当地建厂以获取风能资源，之后再用资源去换订单，由此造成的扩张是非理性的，具有相当的被迫性。这个原因似乎更能说明目前的问题。

风电设备制造企业不合理扩张所造成的严重产能过剩，既违背科学发展规律，也不符合企业优化产业布局，对社会资源和企业都是极大浪费，还会将企业拖入经营风险，不能不引起高度注意。

4.1.1.2 新技术、新概念急于应用，风险极大

2011年中国风能利用方面科技投入有所加大，并向实际应用和基础研究两方面或两方面结合上延伸，出现了一定的创新，在有些方面也有一定原创性。但是，毕竟中国风电行业起步较晚，大部分整机企业在最初都是购买图纸直接生产，在消化吸收引进技术的基础上实现真正的创新和突破，这需要大量的基础研究、科学实验和长期的经验积累。然而一些新开发的技术和理念，如大机组、大叶片、低风速、高海拔机组技术在还不完善的情况下就急于批量应用，对可能存在的风险考虑不够。

部分厂家片面追求机组单机容量大、新机型下线速度快、急于批量安装的效果，而对引进技术的消化吸收和再创新能力、产品质量重视不够，对风机整体设计、载荷优化计算控制策略优化、并网性能等核心技术掌握不够，导致部分风电机组质量不稳定，出现了多起严重风机质量事故，成为风电发展的隐患。

海上风电对风机稳定性和技术条件要求更严格，比如风机面临的载荷工况更复杂、防腐要求更高、北方海域的浮冰、南方海域的台风、免维护要求等。国内企业仅经过几年时间的试验，尚未真正掌握陆上风机的核心技术，就仓促进入海上风电市场，很可能会付出惨重的代价。

风电设备制造业面临一系列问题，急需大幅收缩凝聚产能规模，以销定产；加大技术研发强度，采用新理念、新设计、新材料和新技术，提高风能利用效率和风机性能，降低造价；需要开发低风速、高原、分散接入、电网友好等技术；注重和大力提高设备质量，完善售后服务，提高机组可利用率；海上风电，海外市场开发等。

预计2012年，国内市场规模会相对缩小，国际市场开发也将不会太快。同时，这期间风电开发商会更加注重风电开发技术、风电设备的质量和风电场的效益。机组制造业2012年技术、质量和服务都需要不断加强。

4.1.2 效益——行业自律缺失、竞争不规范、诚信度不高

中国风电机组制造行业缺乏自律，未形成行业竞争规范，大多采用低价战略，报价低廉，缺乏理性，竞争过度。

2011年风电整机制造企业的竞争更加激烈而无序，直接表现方式就是价格战，风机整机价格已从2008年的6 500元/kW，下降至2011年的3 700元/kW以下。某集团公司2011年1月、2月、4月、5月、10月分别进行的五次风电设备主机招标，各厂家投标的平均价格分别为3 840元/kW、3 837元/kW、3 829元/kW、3 827元/kW和3 819元/kW，仍呈逐步下降的趋势。风机产能过剩更加激烈，个别厂家的报价已低到3 660元/kW，即使如此低价，开发商、整机制造商和零部件供应商之间相互拖欠货款现象仍有发生。

业内普遍认为风电设备这样的价格很难保持在改进、完善技术和保障品质方面合理和较高的投入，长此以往不利于风电机组设备产业健康发展。价格的下降，压缩了整机制造企业和部件制造企业的利润空间和科技投入，为风电行业长期健康发展埋下隐患。过度竞争还迫使国内整机制造企业提前进入海上风电市场这个风险更大的领域。

目前，中国对海外市场的开发十分有限，风电设备在国际上见面对决的机会还不多，过度竞争的现象还未带到国际市场上去。但此问题仍应引起重视，提前设法予以避免。目前国内企业在风电机组的技术、性能、质量方面实际使用效果不佳，与世界先进水平相比相差较大。开发商由于机组检测、验证方法复杂、手段短缺等原因难以定量证明这种差距，因此特别需要风电机组生产厂家以诚相待，诚信天下。

McNALLY'S

4.2 政策与机制

4.2.1 政策——2011年《可再生能源法》漏洞显露

与可再生能源发展有关的法律和政策体系远不完善。中国发展可再生能源的主要法律依据为《中华人民共和国可再生能源法》。该法2005年颁布，2006开始实施，时间不长，于2009年通过一次修改。修改后的新法于2010年4月开始执行。然而，修改后的新法中的某些核心条款用词含糊、对各有关方在发展可再生能源中的责任和权益界定不清，影响了其严肃性、公正性和科学性，形成法律漏洞。

举例来说，新法规定电网对风电的所谓“保障性收购”。何谓“保障性”，可以有不同的解释，电网方和发电方的理解差异很大。而实施细则迟迟没有出台，没有权威的法律解释，也无法进行核查和监督。垄断的电网因此有恃无恐，可以根据自己的理解任意控制尺度，进行风电收购或者要求风电“弃风”。这致使法律失去对垄断企业的约束力，让风电业的正当权益得不到保障并且难以申诉。

再例如，新法要求风力发电企业有责任协助保障电网安全，但对电网安全与否及何时对风电企业进行协助保障，尚无明确规定。这都使电网可以以保障电网安全为由，禁止或解除风电项目与电网的连接，而不会受到监管和处罚。反观对发电设施安全有极大影响的电网企业，却没有保障发电企业的责任要求，甚至连协助的要求也没有，这从根本上排除了电网企业的安全和社会责任，置发电企业的安全于不顾，对发电企业而言有失公允。

早在2009年，有关方面已经发现并提出过这些漏洞，但不幸未受到重视。这些法律漏洞造成了执行上的困难。实际操作中，无法根据这些条款来确定某些法律责任。这种情况在2010年、2011年显露出来，造成违反《中华人民共和国可再生能源法》可轻易不受追究的可能，责任方未对此法律表现出应有的尊重。2011年发生的随意和大规模的限电“弃风”客观上证实了这些漏洞的存在。社会各界要求全国人大常委会释法，或重新修订《中华人民共和国可再生能源法》的呼声甚高。

4.2.2 机制——多方面存在问题，运行机制不畅

4.2.2.1 风电的标准、规范和公共设施、技术服务业的问题

【风电的联网技术要求苛刻，高于所有电源】 风电联网标准于2011年出台。但由于在起草过程中没有平等、有效地表达各方诉求的对话环境，征求意见不充分，因此其基本上仅仅体现了电网方面的意志，其科学性、合理性受到质疑。电网对风电联网的技术要求高于对火电，水电的要求，有些是不必要的。作为一个发、收双方共同遵守的标准，对双方应该都有要求，但风电并网标准未对电网方作出要保障风电安全的任何要求，看起来是一个电网对风电的单方面要求。过高的并网要求浪费了资

源，同时限制了风电的有效发展。这个标准于2012年颁布执行，影响如何要待今后的实践来检验。

【风电机组检测机构、监测标准不独立，缺乏公正性】无论是风电还是其他可再生能源的设备，其检测特别是一些强制要求的项目检测，应由独立公正的第三方非营利公共机构来进行，任何行业均应如此。这是保障检测公正性、权威性的前提。而目前中国低电压穿越检测标准的起草和实施机构都是一家，而且隶属于国家电网公司，本质上缺乏公正性和权威性基础。对于检测方法是否正确，程序是否合法，难以监督管理；对于标准的起草是否合理、是否科学也难以发现，即使发现也往往难以改正。

【风电机组检测机构和手段严重短缺，收费高昂】2011年国家规定对每一种型号的风电机组设备，都必须进行低电压穿越技术检测，但是用于风电低电压穿越检测的机构和检测手段严重不足。目前只有一家检测单位，检测十分繁琐耗时，造成待检设备排队周期过长，常常要等待数月之久，且更换零部件后又要重新排队待检，并且收费高昂。而电网要求未通过检测的设备不能上网，许多风电机组和风电场因此不能按时并网，造成闲置和浪费。监测手段的短缺已成为风电稳步较快发展的又一制约。

【风电场项目风功率预测预报系统误差较大】2011年，国家提出建立风功率预测系统的要求，2012年6月建成并完善，目前已部分完成。但已建成的风电场风功率预测预报系统精确度不高，误差常在20%左右。由于风电场当地局限性大，对全局的了解不够，从而导致预测不准，但无论如何，预测误差不能被利用成为制约其发电，要求“弃风”的借口。

【风电设备技术认证无力，有待强化】到2011年，获得国家认监委批准开展风电设备认证工作的有两家机构，一家是鉴衡认证中心，专业从事风能、太阳能等可再生能源产品标准研究和质量认证；另一家是中国船级社质量认证有限公司，在船舶及其他许多领域都有丰富的认证经验。这两家机构不从事所认证的产品的有关商业活动，是较规范的第三方认证机构。

但整体上说，风电设备认证工作还处于起步阶段，技术手段和经验有待进一步提高，在国际同行内的认知度不高。尽管在政府部门的指导和机构自身努力下，鉴衡认证中心的认证结果被美国、土耳其、澳大利亚、埃塞俄比亚、南非、厄瓜多尔、巴西和智利等国家和地区的政府、业主等采信，但是权威的建立尚需时日，仍需花大力气推动中国认证机构认证结果的国际采信工作。2011年，IEC TC88成立了专门的风机认证委员会，推动风电设备认证结果采信。中国的认证机构、风电设备制造企业以及风电开发企业已经加入该委员会，应该充分借助这一平台，推动中国风电设备认证结果得到更广泛的采信，为风电设备“走出去”扫清障碍。

【中国风电保险市场发展缓慢】相对于中国风电的快速发展，保险市场发展缓慢，风电企业购买保险的产品种类和积极性都与欧洲国家相去甚远。

这一方面是由于风电企业的投保观念相对保守，对保险的作用和价值还缺乏正确的认知。另一方面，保险公司对刚刚发展起来的中国风电设备制造行业还缺乏信任和了解。风电企业数量众多，质量控制水平参差不齐，让保险公司望而却步。某些保险公司冒然进入不熟悉的风电领域，出现高额赔偿后不敢继续承保，或通过提供保费规避自己的风险，这都影响了风电保险市场的发展。

另外，中国风电保险市场上第三方服务机构的发展不够成熟，缺乏拥有保险和风电知识的复合型人才，也很难找到具备风电事故检测、定损能力的权威第三方机构，设备出险后无法由国家级的权威专业机构参与定损并出具检测报告，投保人和被投保人难以就定损问题达成一致等等，也制约了风电保险业的发展。

4.2.2.2 风电有关方角色不到位，运行机制不畅

2011年，由于中国电力发展体制和可再生能源发展体制仍然不顺，配额制还在研究之中，风电开发商、设备制造商、电网、地方政府国家能源主管部门在风电开发中的责任没有明确清晰的规定，或有规定但也未受到应有的尊重，或有排斥、逃避责任的现象未受到追究或无法追究，使有关责任没有得到很好的履行。

这种概念模糊的情况造成风电发展产业链的各个环节如项目的核准、开发建设、电网输送和调度以及风电的消纳和消费等方面的责任也无法对接，有空隙、缺失或不配套，造成运行机制不通畅。

而在项目发展过程中，由于有关各方各自利益和追求不完全一致，在一定情况下表现为不同的价值取向，难以协调行动形成风电发展合力。

【地方政府积极性高，但有追求政绩的短视】目前50MW以下风场项目的核准权归属为各地省政府，2011年7月以前基本没有约束，各地热情推动项目的核准，直接结果是近93%的风电场项目是由地方政府核准的。有些地方政府对本地资源、系统配套能力和消纳的重要性认识和理解不透，协调地方各部门特别是电网企业的能力有限，使有些已核准的项目迟迟难以开工建设，或即使建成也面临上网难、发电难和当地消纳弱的问题。

由于可再生能源项目建设特别是风电项目建设对当地经济的短期直接贡献不大，2011年单纯发展项目的热情有所下降。地方政府为提高地方GDP和当地就业率，转而热衷于引进有关设备制造业，以期增加地方税收和就业率，而把当地所拥有的资源作为条件去换取设备制造业在当地落户，同时要求开发商采用本地设备。即存在所谓“以资源换工厂”的现象。

【电网和调度追求经济效益，回避社会责任】2011年电网利用《可再生能源法》被修改的机会，利用低电压穿越技术检测和较高的风电联电网技术标准回避了自己的社会责任，提高了风电的入网门槛，此举虽然限制了可再生能源的发展速度，但电网获得了暂时的安定，符合它对经济效益追求的要求。但这种情况不符合国有企业特别是垄断性的大型国有企业应以社会效益为主的要求，值得关注。

【风电设备追随资源扩张，造成产能过剩】

设备制造业要靠市场销售设备，而项目开发资源是设备制造企业得到市场份额的基本条件，获取了资源市场就有了保证，因此为了获取资源就只能在当地建厂，并被迫追求规模，而对当地是不是最适合建厂考虑减少。这种情况造成2011年中国在可再生能源设备制造业产能过剩的情况下产能还在继续增加。

【开发商追求经济效益和社会效益，多方受制约】可再生能源开发商开发项目的目的是要追求经济效益和社会效益，由于在资源选择、设备招标包括工程招标、电力送出、消纳、限电“弃风”等方面都受到了制约，无法按科学方法进行，使项目的建设和项目完成后的运营都出现很多变数，经济效益和社会效益难以保证，增加了项目的风险。

上述责任不清、利益不平衡、有关各方缺乏共同的价值取向的现象，使得各方的积极努力缺乏应有的协调，大大降低了效率。在这种情况下，国家有关部门的行为和国家政策的执行或会受到左右、修改、歪曲甚至于掣肘，难以发挥应有的作用。这些问题有必要认真研究解决。

解决上述问题的途径恐怕要从明确责任和解决利益平衡着手。

4.3 技术与质量

4.3.1 技术——有所提高但仍亟需创新

在市场需求和竞争的推动下，中国风电设备制造业技术升级和国际化进程加快。目前，1.5MW风电机组形成充足供应能力，3MW风电机组已投入运行，5～6MW风电机组样机已下线。目前中国已成为全球发展最迅猛的风电设备研发和制造基地，吸引了美国通用、丹麦维斯塔斯、德国Nodex、西班牙歌美飒、印度苏司兰等全球性的风电跨国企业在国内进行新技术研发和开设工厂。目前，风电建设运营管理和风电设备可靠性仍是中国风电产业面临的不容忽视的问题。另外， 变流器、主轴轴承、控制系统等附加值高的关键零部件的直接进口或采购外资企业产品的比例仍在50%以上。

风电技术也有了新的变化。一方面是由于“弃风”和消纳的问题和国家推行分布式开发，催生了低风速风机的发展。2011年国家批准纳入核准计划达20GW的风电项目中，有约一半属于分布式开发的低风速地区项目。为了配合新生市场，风机制造商纷纷推出配套产品，金风的低风速风机已经投产；华锐和联合动力都推出了1.5MW低风速风力发电机；三一电气推出了2MW的低速风机。另一方面，整机制造企业为了展示实力，开始大型化风机的制造，纷纷开发了5MW、6MW风机。华锐等不少表示已经开始对10MW风机的研发。海上风电项目招标最终选定的风机型号为2.5～3.5MW的风机。中国的企业可以制造更大容量的风机，表明风机制造商突破了其技术限制，同时国内企业与国外同行的差距在缩小。

风电场开发已从小规模陆上风电场走向多种复杂环境的陆上和海上风电场。当前和今后一段时期内，中国风电场开发以陆上集中风电场为主，积极推进海上风电场示范项目建设，并探讨分布式并网风电项目。2010年，首个千万千瓦风电基地甘肃酒泉风电基地项目一期竣工，装机容量5.36GW；其他风电基地也在积极推进建设，首个海上风电场——上海东海大桥100MW海上风电项目正式建成投运，国家能源局会同国家海洋局发布《海上风电开发建设管理暂行办法》，首轮1GW海上风电特许权项目完成招标，标志着中国海上风电建设正式启动。

与陆地风电相比，海上风电开发要难得多。海上前期工作较陆上风电前期工作复杂，需要开展多个专题研究，涉及海洋、海事、渔业、环保、港口、电网、安监、军事等多个部门，协调困难。海上风电建设难度也比陆上大，工程建设条件复杂多变，不同的场区有不同的潮汐、地质特性，施工困难等。2011年海上风电遇到的主要技术问题有：

【国内海上风电缺乏成熟机组设备】国内多数风机厂家直接购买的国外风机技术，未完全消化理解，就直接将风机搬至海上。此举导致的结果是，风机机组出现国内无法解决的故障时，只能等国外工程技术人员解决，耗时长。同时，在风机基础设计阶段，由于对国外设计理念的不完全掌握，致使不能很好地根据风机基础形式，进行基础及塔架的优化校核。

【海上风电工程施工难度大】在国内，为海上风电施工而研制的工程船舶和施工设备很少。近年来，国内开发的近海风电场，大多是采用国内现有设备，实施高桩承台或多桩导管架形式的基础，而风机吊装则利用国内现有的大型浮吊船，采用整体式安装工艺，安装费用高、普遍适用性差。尽管目前有龙源振华、道达、南通盛东、武桥重工、三一重工等多艘近海风电施工专用船舶和施工设备正在研制，但已建成投用的成熟装备很少，仅有龙源电力引领的海洋水建和龙源振华公司建造的几艘潮间带风电施工专门船舶，为满足大规模近海风电开发，需要加快近海风电安装船舶的研制。

【国内海上风电设计、施工规范标准缺乏】国内尽管加快了海上风电相关标准的制订工作，但目前仅有海上风电施工等少量规范，设计及施工主要采取借鉴国外DNV、API等规范，结合参考国内海上石油平台等相关标准，如何科学合理选定出适合中国沿海海洋、水文、地质的海上风电建设标准，有待通过海上风电逐步开发积累、验证、优化和完善。

【风电海底电缆、海上升压站设计及施工缺少经验】对于离岸型近海风电比较适合的220kV海缆，国内几家实力较强的电缆厂商对其研制明显准备不足，110kV单芯海缆尚在研制阶段，220kV海缆研制更需要给予时间准备。220kV海上升压站从布置、设计到施工，在国外先例极少（建成的海上升压站电压等级低于220kV），在国内更是空白，需要给设计院及建设单位一定的时间进行研究。

由此看来，海上风电急需技术创新，而技术创新也是风电产业发展的关键。“十二五”科学技术和技术发展规划提出，风电重点是发展5MW以上风电机组整机及关键部件设计、陆上大型风电场和海上风电场设计及运营、核心装备部件制造、并网、电网调度和运维管理等关键技术，形成从风况分析到风电机组、风电场、风电并网技术的系统布局。积极推进100MW级海上示范风场、10 000MW级陆上示范风场建设，推动近海和陆上风电发电的技术进步。

4.3.2 质量——2011年风电事故呈快速增长趋势

2011年是中国风电发展中发生机组事故较多的一年。较早期进入市场安装并于风电场运行的风电机组经过几年运行，逐步进入故障和事故高发期；近几年的高速发展和较为粗放的经营管理的弊病开始体现。2009年下半年开始，陆续出现倒塔、叶片断裂、机舱着火、人员触电、工程事故，累计导致十多名人员伤亡和有数十台机组设备损毁，成为业界关注的问题。

4.3.3 脱网——脱网事故频发的祸首是常规电力设备环节

2011年开始出现风电机组大面积脱网事故。仅据2011年1—8月的不完全统计，全国风电脱网事故就出现193次。其中2011年2月24日，甘肃桥西第一风电场35kV开关间隔电缆终端单相故障发展为三相短路，造成598台风电机组脱网，损失出力840.4MW。2011年4月17日，河北佳鑫风电场8号风机箱式变压器35kV架空线引线B相松脱后与C相搭接，引起相间短路，造成629台风电机组脱网，损失出力854MW。2011年4月17日，甘肃干河口西第二风电场变压器高压侧35kV电缆终端故障，造成702台风电机组脱网，损失出力1 006.2MW。2011年4月25日，甘肃嘉峪关变电站由于大风沙尘天气引起330kV线路侧高跨龙门架跌落到地面，引发系统短路造成1 278台风电机组脱网，损失出力1 535.2MW。这四次事故代表了各种典型的脱网事故类型，造成较大风电损失。

国家电监会重点分析了前三起风电机组大规模脱网事故，认为这三起事故暴露出当前风电发展过程中存在的风机多数不具备低电压穿越能力、风电场建设施工质量问题较多、大规模风电场接入带来电网整体安全性问题、风电场运行管理薄弱等四大问题，要求风电场开发运营企业和风电设备制造商解决。

国家有关方面非常重视2011年风电事故猛然增加的现象，电监会下发了风电安全规定;国家能源局下发了低电压穿越检测规定，风电联网技术要求国家标准也在国网公司的推动下出台，一系列政策、法规和技术标准密集出台，对风电的上网提出了较其他电源都高的要求。为保证电网安全，各风电场2011年开始大规模涉网技术改造，对机组进行低电压穿越技术改造、对风电场加装高标准SVG无功补偿装置。风电企业为此需额外投入约百亿元，负担加重。但是仅仅采取这些措施，而不提高常规电力设备及设施的质量水平，不能真正解决风电脱网问题。

4.4 “弃风”与电网

4.4.1 “弃风”——2011年出现大规模经常性限电“弃风”

中国出现明显的限电“弃风”现象开始于2010年，同年底中国风电累计吊装风电机组44.73GW，但能够并网的仅有31GW，有13.66GW吊装风电机组无法并网，占风电总装机的31%。同时东北、西北地区风力发电项目频频被限制发电，造成被限电和“弃风”。

2011年，机组无法并网现象得以缓解，到2011年年底，中国风电累计吊装风电机组56.49GW，并网容量为47.84GW，其差距仅为8.65GW，相比2010年已有改观。其中新增并网部分为16.53GW，与当年吊装容量相差无几。

但限电“弃风”也达到了前所未有的规模，特别是在中国东北、西北地区，风电被大规模限电“弃风”现象更加频繁和常态化，限电“弃风”无须作任何说明，甚至更加随意。据不完全统计，全国2011年全年限电“弃风”量超过

100亿kWh，相当于损耗330万t标准煤或向大气排放1 000万t二氧化碳。2011年风电设备利用小时数大幅下降。全国并网风电装机的机组利用小时数从2010年的2 047h下降到2011年的1 903h，减少了144h，减少比例为7%（当年火电同比上升263h）。参与电网调峰和被限电“弃风”是重要原因。风电企业因为限电“弃风”损失（不包括碳交易收入）可达50亿元以上，约占风电行业盈利水平的50%。2011年风电开发商效益普遍下滑，“弃风”成为众矢之的。

2009年以来，由于内蒙古、黑龙江、吉林、甘肃等风电大省（自治区）本地风电消纳能力不足，外送通道不畅，伴随着风电开发规模的快速扩大，风电窝电的波及范围和严重程度也随之加大。从2011年情况看，上述4个风电大省（自治区）的限电比例均接近或者超过了20%。此外，这些限电“弃风”严重地区风电的电量比例，即便是局部地区与国外相比，依然相对较低。丹麦、德国和西班牙全国风电装机容量的比例分别达到40%、15%和20%，电量则分别占到了22%、10%和18%。反观中国“弃风”严重的地区，除了内蒙古装机容量比例超过20%之外，其余地区还远远没有达到上述水平。例如，2011年吉林省风电发电量占本省全社会用电量的比例为6.32%，黑龙江的比例为5.57%，甘肃的比例为7.68%。如果放大到区域，则西北电网［陕、甘、青、宁、新五省（自治区）］2011年风电总发电量是112.11亿kWh，占西北五省（自治区）2011年全社会总用电量的2.8%。东北地区［含内蒙古东部四盟（市）］2011年风电发电量约226kWh，占全社会用电量的6.5%。华北地区［北京、天津、山西、河北、内蒙古五省（市、自治区）］2011年风电电量为332.33亿kWh，占全社会用电量的4.15%。这样的情况下限电“弃风”这么严重，真正的原因无人揭示，不能不引起疑问。这些情况需要电网企业做出合理解释，包括这些限电“弃风”现象是否必须，不这样做是否真正影响到电网安全，同时也需要电力监管部门加强监管。

4.4.2 电网——风电发展与送出消纳不畅仍是主要矛盾

2006年以来，中国风电发展的主要矛盾曾经是缺乏对风电的认知、规模性市场、相关政策、资金、技术、人才、设备，等等。为解决这些问题，风电及相关产业曾付出了很多努力。随着这些方面的问题逐步解决或缓解，新的矛盾显现出来。到2010年，中国风电发展的主要矛盾已发展为大规模和高速度发展的风电装机和发电能力与电力送出和消纳能力的矛盾，这个矛盾在当时是有所察觉和认识的。

2011年，由于对这一主要矛盾的忽略，错过了较早解决的好时机，人们没有认识到风电脱网问题的本质是电网薄弱，从而着手优先解决。即使到目前，在完善送出条件以适应风电发展及合理调度消纳风电方面都没有看到显著的改进。在发电和设备制造业努力发展电网友好型风电场和设备的同时，没有看到电网有发展风电友好型电网的明确意图。接纳风电和所有可再生能源的电网规划和建设继续滞后，主要矛盾这两年不断加剧，没有得到缓解。由于电网不能适应且没有及时改造，为应对电网对可能的不安全的担忧，不得不进行大量低电压穿越改造并高标准加装无功补偿装置，为此所投入的花费或许数以百亿元计。更糟糕的是，2012年将有更大规模的风电装机不能联网，有更多的风能将被丢弃，中国风电效益还将会大幅下滑，这是可以预见的。

风电当地消纳也是一个重要问题。发展缺乏统筹规划、规划简单单调、规划目标和各目标的发展进度缺乏科学合理的衔接和协调。电网风电送出通道、调峰电源如燃气电厂建设、电源冲突如燃煤电厂被限出力的出路、储能性电源如抽水蓄能电站建设以及系统对风电消纳和消费的安排与相关设施的建设等，规划中没有充分的设计。分布式发展问题，在原来的规划里也没有很好的反映。

风电送出和消纳不畅问题难以缓解，其中更深层次的原因：一是认识问题：要不要大力发展风能等可再生能源，不同的利益集团有不同的认识，尚未达成一致；二是体制问题：缺乏监管的垄断企业在利益未明确前，往往会回避、不顾甚至排斥其社会责任；三是利益问题：新的产业打破了旧的利益平衡关系，在新的利益平衡关系尚未建立和完善之前，各方有得有失，这是三个问题的核心。许多国内外专家也多次向国家有关部门提议要着重解决这些问题，但看起来这绝非易事，要需时间和过程。

另外，从宏观经济角度看，2012年还面临着世界经济复苏缓慢、中国经济紧缩政策等不利因素。所以2012年，大多主要风电开发商必然要面临收缩规模、减少投资、减少开工和投产总容量的问题。风电发展一旦开始减速，再回到加速发展的状态也是需要时间的，不是一两年可以急退急进的。所以，如果没有大的政策突破（例如可再生能源配额制等的颁布和施行），2012年、2013年以及更长些时间风电的发展都不会太快。

5 中国风电发展展望

5.1 风电转型发展

5.1.1 集中开发与分布式相结合，鼓励分布式发展

风电作为一种变化性电源，大规模风电开发势必受到电网消纳随机性电量能力的限制。中国风电场主要分布在距负荷中心较远的地区，电网结构相对薄弱，电网建设对风电开发存在一定的制约。在中国风电基地集中的西北、华北和东北地区，虽然风电并网的速度不断加快，但是并网困难问题依然存在。并且由于电网企业对风电装备技术条件要求提升，风电并网开始从物理“并网难”，向技术“并网难”转化。同时“弃风”成为了风电发展的新难题，2011年风电“弃风”超过100亿kWh。

从表面上看，风电场建设周期短，而电网建设则相对复杂，难以与风电场的建设同步完成，从而带来了“弃风”及风电消纳困难等问题，但从深层次分析，风电的进一步发展，需要电力系统做出一定的专门安排，以适应风电这种变化性、随机性的特点。

随着大规模集中开发风电场开发程度的增加，项目开发权的竞争日益激烈，而不断增加的限电、“弃风”，也使这些地方风电场的效益大打折扣，东部、中部省份风电场的优势渐渐凸显。首先，这些地区人口密集，电力负荷大，风电场接网条件好，基本上不会限电；其次，风电机组不断提高的风能转换效率和对各种建设条件的适应性，使得在这些地区建设风电场不仅可行，还可以获得可观的经济效益。因此加大分布式、分散风电场的开发，实现集中开发为主，向集中与分散开发相结合的转变，是风电发展的客观要求。

2011年，国家能源主管部门提出了集中式开发和分散式开发并重的发展思路，并出台了相应的管理办法。加强电网建设和调整调度，确保电网能更好地统筹各种电源；建设电网友好型风电场和风电友好型电力系统；发展风电功率预测技术、规模化储能技术、电力系统运行实时调度和控制管理技术，建设特高压智能化电网，在全国范围内实现风电的优化配置和消纳。在风能资源欠丰富和靠近负荷中心的低风速地区及高原低密度和复杂地形区，分散建设风电场，当地消纳。对中东部省份一些地区风能资源较弱，土地资源有限，可以选择风电分散式开发，就近接入电网。可以预见，内陆地区分散式开发的风电场将占有越来越大的比重。

5.1.2 陆上与海上相结合，陆上为主

基于中国风能资源分布特点，中国风电场开发的重点将主要集中于陆上。根据风能资源详查结果，全国50m高度风能资源达到3级及以上的陆上风能资源，主要分布在“三北”及东部沿海地区。“十二五”期间，中国陆续规划了河北、蒙东、蒙西、吉林、山东、江苏、甘肃酒泉、新疆哈密八大千万千瓦级风电基地，其中，山东、江苏基地以海上风电开发建设为重点。

但是，中国东南沿海一带，在江苏、福建、山

东和广东等地，不仅有丰富的海上风能资源，而且由于这里距离电力负荷中心区域较近，在电力传输与消纳等方面具有很大的优势，因此，开发海上风电也是中国风电开发的重要方向。近几年来，中国一些制造商、开发商都在向海上风电开发进军，国家也相应出台了海上风电开发管理办法，组织实施了海上风电场示范项目，并于2010年完成了第一批海上风电特许权项目招标工作。“十二五”期间，国家将加大海上风电的开发力度，并推动河北、山东、浙江、福建等省海上风电的发展，这将不仅带动海上风能资源的开发，更是会打造一批大型风电机组制造产业的发展，从而打破发达国家对于大型风电机组的垄断格局，促进海上风电成本的降低，给中国的风电行业带来新的增长活力。

然而尽管海上风电是未来风电的发展趋势，2012年，国家又将开展新一轮海上风电的特许权招标项目，但是2010年首次海上招标的四个中标项目无一开工，江苏东台风电项目的核准手续还没有办完，滨海、射阳和大丰三个项目也因为重新选址和重做可行性研究报告，还在履行审批程序，尚未通过核准而迟迟没有开工。海上风电开发进展缓慢，主要原因有三点。究其原因，其一，海上风电开发涉及多部门协调。国家海洋局对海域有直接管理和规划，地方政府也对海洋有自己规划，各部门对海洋区域功能区划分缺乏协调沟通。其二，开发成本较高，企业的回报率较低。首次海上风电项目招标的上网电价介于0.62～0.74元/kWh。中标的海上风电项目的内部收益率低于6%，又加之融资成本变高，开发商面临亏本的风险。其三，因为海上风机的维修和保养成本往往较陆上风机要高出很多，海上风机对质量标准和可用性的要求比陆上风机更高。国产风机装备的海上风机质量和技术水平有待检验，国内制造商面临更多挑战。

因此，除了装备技术尚待提高之外，海上风电主要是资源受限，例如滩涂资源或潮间带受到其他经济开发项目的影响。深海风电开发也受到了航运、军事领域的限制。因此在2020年之前，海上风电开发还只是陆上风电开发的补充，风电各界仍需把主要精力放在陆上风电的开发当中。

5.1.3 稳定国内市场，积极开拓国际市场

回顾2011年国内有关风电的政策，主要有“三大”变动：第一，国家提出了“从积极发展到有序发展风电”口号，国家能源局加大了对地方风电项目审批权的控制，对各省实行总量控制，从而放慢了项目审批程序，使得开发商获得风电项目开发权的难度增大。第二，电网对风电并网技术的要求更为苛刻，要求配有高、低电压穿越，有功、无功补偿，功率预测和在线监测与控制等电网友好型并网技术，要求实施电网友好型标准，严格规定风电装备的检测、检验制度，拉长了风电场并网监测的时间。第三，由于国家采用紧缩性货币政策对宏观经济实行调控，上调了存款准备金率，紧缩银根，银行减少放贷额度，使得风电开发项目融资难度加大、成本提高。尽管2011年国家政策影响到风电发展节奏，但是鼓励风电发展的方向没有改变，

国家严控审批权，项目审批延缓、提高并网标准以及宏观经济政策调整是为了更好地满足中国风能资源持续、有序、合理的规划和开发利用需要。

随着中国风电产业的不断成熟和发展、国内产业政策的调整和风电市场竞争的加剧，中国风电投资商和制造商不约而同地加快了国际化步伐。2011年，中国风电企业纷纷走出国门，开始参与印度、爱尔兰、巴西、南非、澳大利亚等国的风电场的招标项目。华锐、金风等企业风电机组已销售至美国、欧洲，还有的中国风电企业通过收购海外企业，或在国外投资建厂，例如，湘电通过收购荷兰公司，共同开发风电机组。

在推动海外市场的过程中，风电企业的商业模式选择发挥了十分重要的作用。以大客户为导向，联合大型央企中的电力开发商和工程公司，配合国家的“走出去”战略，依托国家开发银行、国家进出口银行等金融机构的资金支持和相关部委的配套政策，采用“借船出海”，是一种在现阶段被普遍认可的模式。在大客户模式的基础上，风电企业针对不同的市场和自身的特点，都有选择地对自身的海外商业模式进行了调整和细化。中国风电企业进军海外的模式正逐步呈现多元化和定制化的趋势。

虽然风电是一种全球化的产业，但是从各国风电发展的情况来看，大多数风电都还是本土化生产。如美国通用、安耐康、歌美飒、苏司兰、华锐风电和金风都占据本土大部分市场。这些公司在各自的国家都有更适应的市场环境并不是巧合。本土的风机制造企业和开发商要“走出去”，必然还要面临政治的风险，贸易壁垒和保护主义，海外市场的国产化要求以及文化差异等。

中国风电从“本土化”向“国际化”的转变也遇到了很大的挑战。首先，中国风电设备制造商需要建立自己的产品质量威信，适应海外市场游戏规则。中国风机制造商最大的竞争优势是较低的成本，同时由于缺乏公开的风机运行数据，使得中国风机在国际市场上没有可查询的运行数据等历史记录。同时，出口风机绝不是像输出中国制造的廉价产品那样简单，它需要大量的资本、物流、管理和服务的经验。此外，许多国家已经开始限制海外竞争，保护本国清洁能源产业。印度、加拿大等国都提出了风电项目的“本地化”要求；美国国际贸易委员会继光伏发电后，又开始进行对中国生产风塔的“双反”调查。因此，中国风电企业需要重新认识市场、克服多重困难，才能实现海外发展雄心。

5.2 近期、中长期发展目标

中国在人规模发展风电方面有良好的风能资源条件、有广阔充足的土地资源条件、有较为成熟的风电产业基础、有分布广泛和技术较为先进的电网以及未来电网进一步完善的发展作为支撑，尤其是，中国未来持续发展的经济和今后一段时期内仍将增长的能源需求，使大规模发展风电既是必需的，又是可行的。

自2010年起，中国风电发展已经进入平稳期，很难重现往日翻番增长的情景，2012年风电制造业更是已经进入了高成本的微利时代，这意味着行业内竞争的加剧，市场更加成熟。部分企业会选择退出市场，但产业成熟程度和成本会更加提高风电的竞争力，使其成为实力较强的新生电源技术，并将逐步增大其在中国能源结构中的比例。

国家发改委能源所与IEA共同发布的《中国风电发展路线图2050》报告中依据“统筹考虑风能资源、风电技术进步潜力、风电开发规模和成本下降潜力，结合国家能源和电力需求，以长期战略目标为导向，确定风电发展的阶段性目标和时空布局”的风电发展战略目标的思路，提出对未来风电布局的重点是：2020年前，以陆上风电为主，开展海上风电示范；2021—2030年，陆上、近海风电并重发展，并开展远海风电示范；2031—2050年，实现在东中西部陆上风电和近远海风电的全面发展。并依不同情景设定中国风电发展目标：到2020年、2030年和2050年，风电装机容量将分别达到200GW、400GW和1 000GW，成为中国的五大电源之一，到2050年满足17%的电力需求。

5.2.1 近期发展目标：2020年以前

尽管国家推行从大规模集中式开发，向大规模集中式与分布式开发相结合转化，向陆上风电场开发和海上风电场开发相结合转化，但仍然以规模化开发和陆上风电开发为主，海上风电进行示范为原则。《中国风电发展路线图2050》提出从近期来看，考虑到电网基础条件和可能存在的约束，以发展规模化风电市场、建立具有领先技术标准和规范的风电产业体系为主要目标，以陆上风电为主、近海（含潮间带）风电示范为辅，每年风电新增装机达到15GW左右，到2020年，力争风电累计装机达到200GW。届时，在不考虑跨省区输电成本的条件下，使风电的成本达到与常规能源发电（煤电）技术相持平的水平，风电在电源结构中具有一定的显现度，占电力总装机的10%，风电电量满足5%的电力需求。

而据本报告笔者认为目前对中国“十三五”期间的经济发展速度和规模还很难做出判断，一般估计“十三五”期间，中国经济发展速度会降至7%以下。虽然中国的经济增长方式有所转变，能源效率水平有所提高，电力弹性系数有所降低，但是由于电力发电装机总量的增加，预计到2020年中国发电装机至少要达到1 800～2 000GW。如果风电装机占全国总装机的10%，至少需要200GW的装机规模；如果风电装机占全国总装机的15%，那么装机规模需要达到300GW。因此，业界预计到2020年风电装机规模应该在200～300GW，很大可能为250GW。

5.2.2 中长期发展目标

长远来看，随着风电产业的发展，风电机组及相关产品的技术将得到进一步的提升，海上风电机组的研发工作也将进一步展开，风电机组的发电能力将会有所提高，风电场的建设成本以及运行维护成本都将有所降低。与此同时，风电并网的相关技术难题将被逐步解决，电网建设与运行模式也将趋于完善，电网的消纳能力和传输条件也将得到改善，风电的输送成本也将下降。据《中国风电发展路线图2050》预测到2030年和2050年，风电装机规模将分别达到400GW和1 000GW，满足全国8.4%和17%的电力需求，成为五大电源之一，具体如下。

5.2.2.1 2020—2030年

不考虑跨省区输电成本的条件下，风电的成本低于煤电，风电在电力市场中的经济性优势开始显现。但如果考虑跨省区输电成本，风电的全成本仍高于煤电；若考虑煤电的资源环境成本，风电的全成本将低于煤电全成本。风电市场规模进一步扩大，陆海并重发展，每年新增装机在20GW左右，全国新增装机中，30%左右来自风电。到2030年，风电的累计装机超过400GW，在全国发电量中的比例达到8.4%，在电源结构中的比例扩大至15%左右，在满足电力需求、改善能源结构、支持国民经济和社会发展中的作用日益加强。

5.2.2.2 2030—2050年

随着风电和电力系统以及储能技术不断进步，风电与电力系统实现很好的融合。风电规模进一步扩大，陆地、近海、远海风电均有不同程度的发展，每年新增装机约30GW，占全国新增装机的一半左右，到2050年，风电可以为全国提供17%左右的电量，风电装机达到1 000GW，在电源结构中约占26%，风电成为中国主力电源之一，并在工业等其他领域有广泛应用。

5.3 风电发展重点方向及任务

中国风电市场的发展，大致可以分为两个阶段。在2009年之前，风电的规模较小，发展风电的目的并不是为了提供实质性的电力和能源供应，而是为了能够将中国风电的技术水平和装备制造能力尽快建立起来，从2009年开始，中国的风电装备制造能力开始领先世界，并具备了支撑年均发展千万千瓦级的能力。

从这个角度分析，“吊装容量”和“并网容量”的差异，随着风电并网困难和风电消纳问题日益突出，愈发受到业界的关注。值得注意的是，这种关注也正好凸显了中国风电发展所处阶段开始出现了变化，即中国风电已经告别小范围、小规模发展的模式，正式步入规模化发展的新阶段，当前存在的风电并网困难和消纳方面的挑战表明，风电在融入电力系统过程之中，所有的市场参与者都要做出相应有针对性的调整：电力系统的运行管理必须做出调整，适应风电这种间歇性电源的特点；风电开发商需要加强风电预测预报，加大对风电场出力的控制能力，尽可能使得风电场对于电力系统更可能地作为有效电源来调度管理；适应电力系统调度运行需要，将成为风电设备制造商技术转型升级和提高自身核心竞争力的重要方向。

5.3.1 风电场开发建设和运行

5.3.1.1 陆地风电场

目前，陆地风电场开发建设技术已比较成熟，未来应重点改进微观选址技术，不断提高风电场特别是复杂地形条件下的风电场的规划、设计和运行水平及可靠性，在2015年前能够根据风电基地规划布局、风电机组排布，提出具有针对性的场内系统设计和优化方案。到2020年，基本全面实现复杂地形条件下的风电场的优化规划设计和运行方案。

为了进一步保障风电持续稳定发展，在继续推进大型风电基地建设的同时，还需要加快中东部地区分散式风能资源的开发。目前除“三北”之外地区的全国风电装机容量仅占不到15%，而包括河南、“两湖”、皖赣及南方的“两广”、云贵地区，在某些局部地区也有很好的分散的风能资源，国家能源局2011年分别发布了《关于分散式接入风电开发的通知》（国能新能［2011］226号），以及《关于印发分散式接入风电项目开发建设指导意见的通知》(国能新能［2011］374号)，提出了分散式风能资源开发的主要思路。

5.3.1.2 海上风电场

海上风电场，特别是远海风电场的开发建设技术仍不成熟，需要根据中国风电场建设规划和条件，尽快开展关键工程技术研究示范，探索远海深海风电场技术。当前，中国已经建设了东海大桥100MW的商业化示范项目，以及在江苏如东开展的潮间带示范项目。随着这些示范项目经验的不断积累和技术水平的不断进步，海上风电将是风电开发的一个新的领域。

2020年以前，中国发展的海上风电场深度多为25m以内，在2015年前中国将基本掌握浅海海域风电场基础、施工和运维的技术，在2020年前完全掌握浅海海域风电场开发、建设和运行技术。随着海上风电开发的深入，2020年后启动深海海域的风电场开发，争取2030年前开始建设深海风电场。

2015年以前，中国海上风电以探索为主，项目

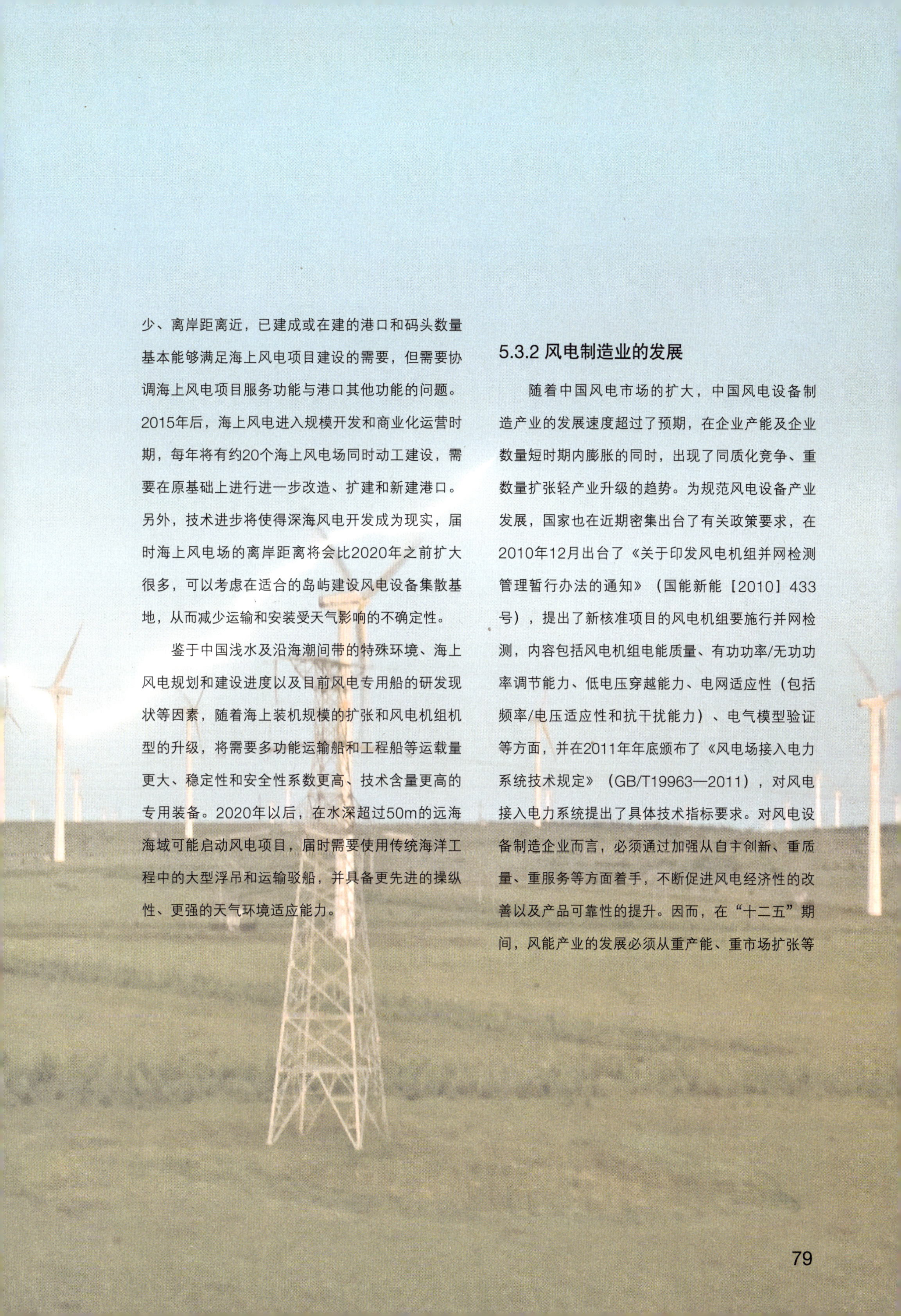

少、离岸距离近，已建成或在建的港口和码头数量基本能够满足海上风电项目建设的需要，但需要协调海上风电项目服务功能与港口其他功能的问题。2015年后，海上风电进入规模开发和商业化运营时期，每年将有约20个海上风电场同时动工建设，需要在原基础上进行进一步改造、扩建和新建港口。另外，技术进步将使得深海风电开发成为现实，届时海上风电场的离岸距离将会比2020年之前扩大很多，可以考虑在适合的岛屿建设风电设备集散基地，从而减少运输和安装受天气影响的不确定性。

鉴于中国浅水及沿海潮间带的特殊环境、海上风电规划和建设进度以及目前风电专用船的研发现状等因素，随着海上装机规模的扩张和风电机组机型的升级，将需要多功能运输船和工程船等运载量更大、稳定性和安全性系数更高、技术含量更高的专用装备。2020年以后，在水深超过50m的远海海域可能启动风电项目，届时需要使用传统海洋工程中的大型浮吊和运输驳船，并具备更先进的操纵性、更强的天气环境适应能力。

5.3.2 风电制造业的发展

随着中国风电市场的扩大，中国风电设备制造产业的发展速度超过了预期，在企业产能及企业数量短时期内膨胀的同时，出现了同质化竞争、重数量扩张轻产业升级的趋势。为规范风电设备产业发展，国家也在近期密集出台了有关政策要求，在2010年12月出台了《关于印发风电机组并网检测管理暂行办法的通知》（国能新能［2010］433号），提出了新核准项目的风电机组要施行并网检测，内容包括风电机组电能质量、有功功率/无功功率调节能力、低电压穿越能力、电网适应性（包括频率/电压适应性和抗干扰能力）、电气模型验证等方面，并在2011年年底颁布了《风电场接入电力系统技术规定》（GB/T19963—2011），对风电接入电力系统提出了具体技术指标要求。对风电设备制造企业而言，必须通过加强从自主创新、重质量、重服务等方面着手，不断促进风电经济性的改善以及产品可靠性的提升。因而，在“十二五”期间，风能产业的发展必须从重产能、重市场扩张等创业阶段的目标，转向以产品的进一步升级为主要任务，强调不断自主创新、提升产品质量、加强产品可靠性等方面。

5.3.2.1 风电机组

目前，中国风电进入规模化发展阶段，陆地风电开发稳步发展，海上风电逐步加速，2020年后先期建设的风电机组开始退役，使风电机组的市场需求规模逐步增加。预计2010—2015年，中国年均风电装机15GW，其中陆上风电约14GW/a，海上风电约1GW/a。2015—2020年，海上风电进入规模化开发阶段，风电机组设备制造商需要达到18GW/a供应能力，陆上风电机组13GW/a，海上风电机组5GW/a，同时，该时期有约500MW/a的风电机组需要退役或接受技术改造。2020—2030年，需要24GW/a的风电机组的生产和供应能力，其中陆上风电机组19GW/a，海上风电机组5GW/a，同期有总计39GW的风电机组需要退役或接受技术改造。2030—2050年，需要50GW/a的风电机组生产和供应能力，其中陆上风电机组44GW/a，海上风电机组6GW/a，同期有总计400GW的风电机组需要退役或接受技术改造（见图5-1）。

随着风电技术和海上风电的发展，风电机组的整体趋势是单机容量的大型化和多样化。2011—2015年，3MW以下风电机组是市场的主流机组，目前该功率范围风电机组市场已具备大批量的供应能力，能够满足每年15～20GW新增装机的风电需求，3～5MW风电机组主要用于海上风电和部分陆上风电基地建设，需达到年产8GW。2015—2020年，5MW以上风电机组开始在海上风电项目中应用，需要保证年均1 000～1 300MW的供应能力。2020—2030年，中国进入海上风电大规模开发阶段，5～10MW机组主要用于满足该部分市场需求，需年产22GW。2030—2050年，由于3MW级以下风电机组开始批量退役，届时对于风电机组的需求将会迎来新的高峰，3～5MW逐渐取代3MW以下风电机组成为市场主流的风电机组，要求达到30～50GW/a的供应能力，5～10MW机组需达到5～10GW/a的供应能力，深海风电开发应用要求10MW以上风电机组达到1～2GW/a的供应能力（见图5-2）。

今后应顺应风电机组单机容量大型化趋势，加强基础研究，逐步掌握大型风电机组的设计理念，科学的研究方法，开发适用于中国特点的大型先进风电机组。从不同功率风电机组的研发方面考虑，2015年前，开发应用3MW以下风电机组轻量化和环境适应性技术，优化3～5MW风电机组设计，开展5～10MW海上风电机组进行概念设计和关键技术研究；2020年前，实现5MW风电机组的商业化运行，完成5～10MW海上风电机组样机验证，并对10MW以上特大型海上风电机组完成概念设计和关键技术研究。2020—2030年，实现5～10MW海上风电机组的商业化应用，完成特大型海上风电机组（10MW以上）的样机技术验证。

如何使整机系统更好地满足并网的需求是一个亟待解决的重要课题。2015年前，加强并网型风电机组的基础性研究，优化风电机组特别是双馈型机组的并网能力改造方案，进一步提高故障穿越能力及对电网的无功支持能力；2015—2020年，开发和推广新型风电机组控制系统和电网友好型风电机组。2020—2030年，电网友好型风电机组技术趋于成熟，并逐步得到全面普及。

未来中国海上风电设备技术的发展应从风电设备的可靠性、经济性、环境适应性、运输的便利性以及安装维护的便利性等更多方面综合考虑，其中特别对风电机组抗台风问题提出了很高的要求，为此，要重点研究海上风电机组抗台风策略和采取的措施。

5.3.2.2 关键零部件

随着风电机组容量不断增加，应根据风电机组研制需求，大力加强叶片技术、传动链技术、控制系统技术和大容量变流器技术的研发和产品研制。在零部件供应链上，着力做好以下工作：一是调整零部件生产企业的投资结构，加大对紧缺如主轴轴承、变流器等关键零部件的投入，逐步提升零部件的自给能力；二是建立零部件生产与风电系统技术进步的衔接机制，提高零部件企业自身适应研发技术更新的能力；三是加强零部件生产过程的质量控制，构建合格的零部件供应体系。

随着风电机组尺寸的增大，叶片将越来越长。在确保叶片大型化的同时，如何优化载荷、减轻重量、提升环境适应性、友好性和运输便利性将成为未来10年内叶片技术发展的主要方向。为此，应大力研发风机叶片的监测控制技术、新型结构、碳纤维和高模高强玻璃纤维等新型材料，采用可回收利用的热塑性叶片树脂基体等新材料、新工艺很可能成为风电叶片技术的发展方向之一。

目前齿轮箱的结构基本采用国外技术，对功率分流方式、均载形式等关键技术缺乏深入研究和成熟经验。因此，未来10年需加强以上方面的研究，争取在降低增速比、行星轮均载柔性轴设计和降低噪声方面实现技术突破。采用轴承新结构、新材料、新工艺，以解决轴承寿命、承载能力、可靠性等问题。

风电机组发电机技术的主要方向是改善并网性能、降低重量。随着全功率变换技术的进步和成本的下降，更广泛地应用通过全功率逆变器并网的发电机。随着超导材料在技术和成本方面取得突破，未来中国可能在10MW及以上的风电机组发电机中应用高温超导技术。从目前的趋势看，3～5MW风电机组将采用中压发电机、而更高兆瓦级的风电机组将普遍采用高压发电机。

风电机组容量的增长要求变流器的功率密度不断增加，同时各种风场环境也要求系统有很高的可靠性和方便的维护性，需要采用功率等级更高的半导体器件和模块。此外，随着直驱风电机组的大型、超大型化，需要考虑发电机和变流器的统一优化设计，进一步提高电传动系统的功率密度和效率。

目前塔架高度普遍为60～80m，未来大型风电机组的塔架高度将有可能继续增长，从而增加发电量收益。塔架在进一步加高的过程中，需要重新进行更为缜密的载荷计算同时考虑其他可行的解决方案。此外，随着海上风电开发的进行，位于潮间带

及近海风电场的机组塔架的防腐性能将会受到更大的考验。需针对未来海上风电建设方向和条件，完善风电塔架和基础防腐技术方案，延长使用寿命，达到20年以上的设计要求。

5.3.2.3 关键原材料

风电机组生产所需的原材料包括钢、铝、铜、混凝土、玻璃纤维、碳纤维、环氧树脂、永磁材料等。相关研究和数据显示，钢材用量约占机组总重量的90%，可以判断，未来很长一段时期，中国的钢材产量能够支撑风电产业的发展。

碳纤维复合材料代表了未来叶片材料的主要发展方向，随着风电机组叶片的大型化和轻质化，未来中国在风电叶片的生产中将更多地使用碳纤维。因此，要根据各阶段风电叶片技术及产业的发展需求，着力加大研发力度，加快碳纤维的生产供应能力。

永磁材料需求将随着直驱风电机组市场规模的扩大而快速增加，以目前中国已探明的稀土资源储量（约9 030万t）和产量增长趋势来判断，保证未来风电产业所需的永磁材料供应应该不成问题，但成本可能会持续上涨。

这三类材料的供应应得到更多关注。其他如铜、铝、玻璃纤维等材料的占比和重要性较小，不会影响风电产业的发展（见图5-3）。

5.3.3 风电并网和消纳

中国风电开发的特点具有“大规模、高集中、远距离”的显著特点。大型风电基地所在地区负荷水平较低、电力系统规模较小、风电就地消纳能力十分有限，不能满足风电开发的要求，一些地区限制风电出力的情况严重，电网消纳和送出能力与发电量无法平衡，“弃风”情况比较严重。

风电开发应根据灵活高效接入、调度、输送和消纳大规模风电的要求，结合电力系统运行管理和电力体制机制的改革创新，按照能源转型和构建风电与电力系统协调发展的总体要求，大力开发应用“电网友好型”风电技术、风电场功率预测预报技术、优化调度技术、远距离输电技术和大容量储能技术。

5.3.3.1 风电机组和风电厂

2020年前，开发应用“电网友好型”风力发电技术，通过对风电机组实施技术规范、并网检测和型式认证等措施，使风电机组/风电场普遍具备更加良好的电网适应能力，包括（基于功率预测的）有功功率变化率控制、无功功率调节、低电压穿越（LVRT）能力、频率调节和抗干扰能力等，配置合理的二次系统、相关控制系统，使风电场具备可测、可控、可调的能力，实现风电与电网及其他常规电源的协调发展。在2030年前，加强研发和示范先进储能装置和辅助设备。在2030年后，实现规模化先进储能技术、分布式风电系统的广泛开发和应用风电机组通过分布式系统直接向终端用户供电，或采用与其他形式发电机组成混合供电系统。

5.3.3.2 风电功率预测预报技术

随着风电装机容量的增加，风电功率预测将成为电力系统不可或缺的组成部分。研究部署风电功率预测预报技术，提高超短期和短期风电功率预测的精度，为电力系统的经济调度运行提供更精确的服务，以促进最大限度地接收风电量。

2015年和2020年前，研发和应用重点是充分运用各种成熟的统计预报技术，重点开发应用研发陆地风电场的超短期预报（4h以内）和短期预报（48h以内）系统。组织电网调度机构、气象部门、风电场共同建立集中式与分散式相结合的风电功率预测业务体系，争取在2015年以后为风电调度提供有效支持。2020—2030年，继续提高风电功率预测预报精度，研发应用月、季、年尺度的中长期风电功率预测技术，完善海洋风电预测预报服务体系，建立满足各类、各时段需求的风电功率中长期预报业务体系。到2030年以后，风电功率预测预报技术全面普及应用，使风电功率预测预报成为智能调度体系的重要支撑。

5.3.3.3 风电接入和远距离输送

风电的大规模集中开发和远距离输送，特别是海上风电场的输电方式，除采用传统的交流输电方式、继续完善电网设施和运行技术外，逐步更多采用柔性直流、高压直流、超导和低频输电等新型输电方式。

2020年前，加快普及应用动态无功补偿、串补/可控串补、可控高抗、自动电压控制（AVC）等先进技术，提高风电外送能力、提高安全稳定水平。对海上风电场，近期可采用适合小容量、近距离海上风电场的交流传输并网方式。随着逐步建设额定容量达到几十万千瓦且离岸距离较远时的大型海上风电场，加快开发应用柔性直流输电技术。2020年后，有效解决现有特高压输电工程的制约因素，发挥最大效率和经济性优势，使特高压输电在逐步成为风电大规模开发的有力保障。在2030年后，争取实现超导电力技术在风电接入和输送领域的应用。

5.3.3.4 电力调度技术

电网调度控制技术是电力系统建设的重要部分，对提高资源优化配置能力具有重要作用。风电等波动性可再生能源的大规模开发对发展智能调度技术提出了更高要求。应加强风电场风电机组的运行统计和分析工作，准确掌握风电运行特点，积极开展风电调度技术和策略研究，不断提高风电调度精细化水平。结合智能电网技术的开发应用，未来电网调度控制技术将向一体化分布协调控制、智能分析控制、经济优化控制等方向发展。

2020年前，基本建立风电机组/风电场之间互联互通的数据收集和调度控制体系，建立风电场集中预测、控制与调度中心，实现风电优先高效调度的自动化。到2030年，随着智能电网建设初具规模，实现一体化分布协调控制关键技术，控制范围覆盖和环节扩人到完整电力系统，实现风电调度的智能化，显著提高大规模波动性电源和整个电力系统的运行控制能力，实现风电等新能源发电的灵活高效接入、输送与消纳。

5.3.3.5 大容量储能技术

在电力系统引入大容量储能装置，不仅可以有效减小风电对系统的冲击和影响，提高风电出力与预测的一致性，保障电源电力供应的可信度，还可降低电力系统的备用容量需求，提高电力系统运行的经济性，同时提高电力系统接纳风电的能力。

应重视和发挥储能系统的多种功能，科学选择、规划、使用储能系统，在负荷侧和电源侧均引入储能系统。储能技术中，抽水蓄能应用最广泛，化学电池储能技术进步最快，应优先发展液流电池和锂电池技术。

2020年以前，大规模储能主要依靠抽水蓄能；2020年以后，实现电池储能的规模化集成技术瓶颈的突破和成本下降，开始规模化应用，其中液流、锂离子、钠硫电池具有规模化应用前景。预计到2020年，以锂离子电池、钠硫电池、液流电池为代表的大容量化学储能装置容量达到数十兆瓦甚至数百兆瓦，转换效率达到90%，将在集中式调峰、调频、应急以及分布式负荷管理领域得到广泛应用。2030年化学储能、压缩空气储能系统在经济性方面和抽水蓄能机组相当，与其共同实现规模化应用。

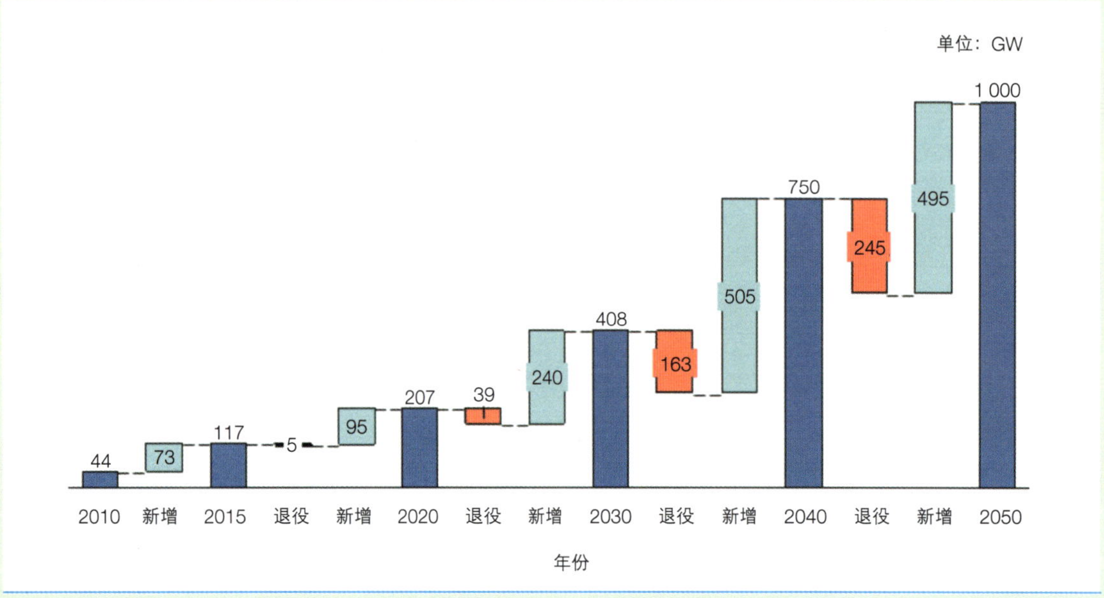

图5-1　中国新增和退役风电机组规模预测（2010—2050年）

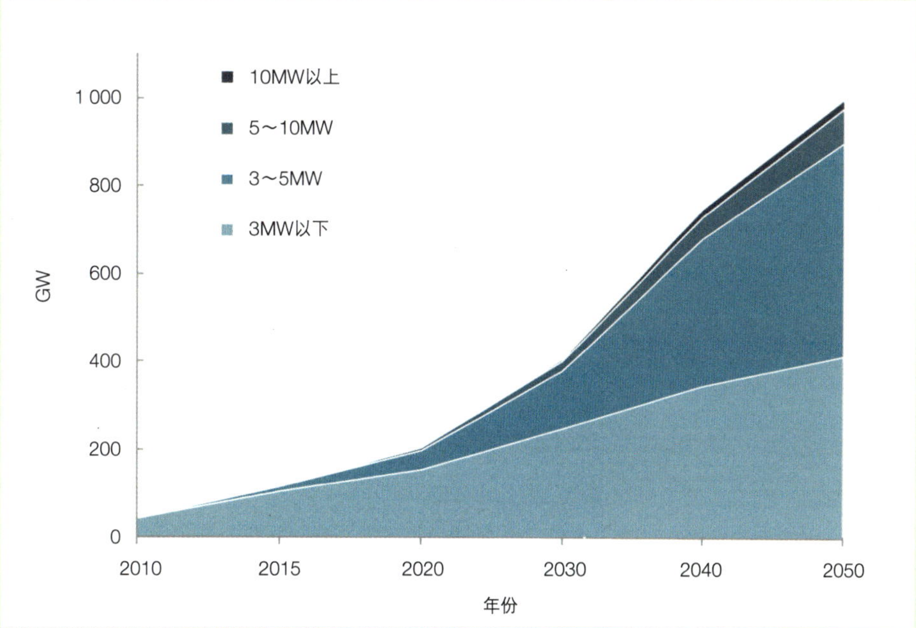

图5-2　中国风电机组单机容量需求（2010—2050年）

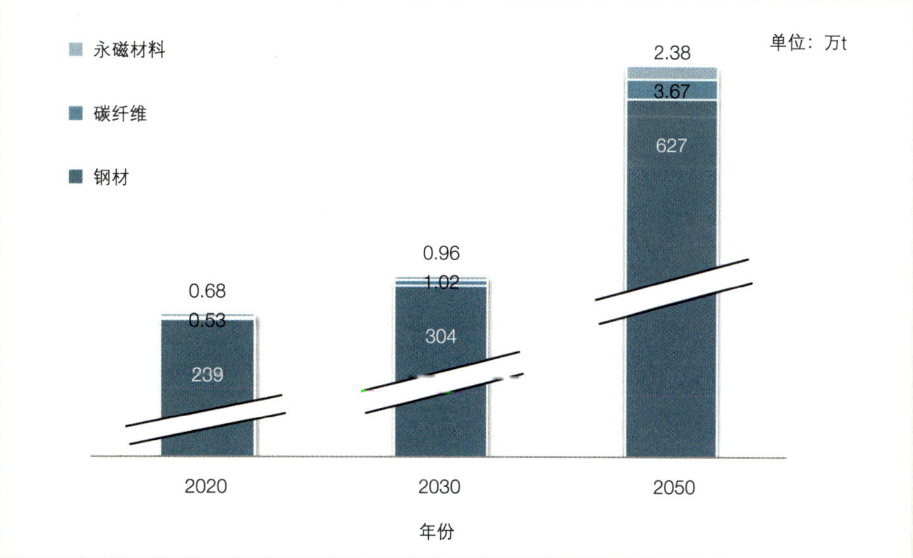

图5-3　2020、2030和2050年中国风电发展主要原材料年均需求预测

数据来源：CWEA分析。

注：原材料年需求量/t=单位装机容量的原材料用量/（t/MW）×年新增装机容量/MW。

5.4 政策激励和支持

从可再生能源发电当前的发展形势来看，可再生能源电力进一步发展的瓶颈，已从过去技术装备能力方面的约束，转变为市场和体制方面的制约。国家在2009年年底对《可再生能源法》进行了修正，提出“国务院能源主管部门会同国家电力监管机构和国务院财政部门，按照全国可再生能源开发利用规划，确定在规划期内应当达到的可再生能源发电量占全部发电量的比重，制定电网企业优先调度和全额收购可再生能源发电的具体办法”。但目前风电的发展形势表明，通过一致认可的方式在实际中落实“全额保障性收购”存在着明显的难度。为此，国务院在2010年发布的《关于加快培育和发展战略性新兴产业的决定》中，指出将“推进体制机制创新，深化重点领域改革”，并提出要“实施新能源配额制，落实新能源发电全额保障性收购制度”，并将实施配额制作为促进新能源发展的重大体制机制创新手段。

从中国现有的可再生能源发展政策环境来看，虽然中国已经基本确立鼓励可再生能源发电的政策框架，但包括上网电价、财税优惠、费用分摊等政策，主要着眼于支持可再生能源设备制造企业及可再生能源项目开发企业等对象。从开始对制造业出现产能过剩的担忧及风电连续多年翻番发展的形势看，已达到了政策最初的设计目的。但在推进上述发展思路的过程中，仍有两个关键方的责任义务没有得到很好的定位和平衡，其相关的潜力也没有得到深入挖掘，从而形成了制约可再生能源进一步大规模发展的瓶颈。

一是在当前的市场环境下缺乏政府对电网企业利益诉求的响应机制。当前的政策体系下，除对专门为发展风电等可再生能源上网而发生的输变电投资和运行维护费用有补贴外①，对电力系统因发展可再生能源而增加的系统管理和运行成本，没有建立相应的成本核算及补偿机制，事实上在当前输配没有分离、电力交易没有放开的情况下，也无法做到应有的核算和补偿。因而，对电网企业发展可再生能源而言，更多的是强调电网企业的社会责任。随着可再生能源规模越来越大，在体制机制的刚性约束下，作为垄断性的经营企业，电网公司的利益诉求没有获得市场响应，电力系统内各类不同的资源因可再生能源发电数量的增加而带来的利益冲突，无法通过合理的体制安排得以疏导，可再生能源上网难的问题越积累越突出。换言之，在当前的电力市场环境和体制下，已无法通过更加公平、合理的政策手段，去敦促电力系统采取必要措施，来切实落实可再生能源的全额保障性收购。

二是国家没有明确地方政府发展可再生能源的责任和义务。当前，很多“三北”（东北、华北和西北）资源丰富地区都把发展可再生能源作为促进地方经济发展的重要手段，在没有落实市场消纳归属的前提下，提出了过高、过快的发展目标，部分

①接网费用标准按线路长度制定：50km以内为1分/kWh，50～100km为2分/kWh，100km及以上为3分/kWh。

地区无视发展节奏，提前透支了本地的发展潜力，加剧了风电并网和消纳困难的局面。对很多东中部电力负荷集中、消纳市场空间大的地区，却没有让本地区电力消费市场为风电等可再生能源电力提供统筹消纳服务的制度安排，在当地建设更多的火力发电从而带来直接GDP收入往往是最实际的选择，即区域内或区域间统筹资源、加大系统内可再生能源消纳能力的潜力没有挖掘。

三是缺乏合理的电网调度机制。事实上，从风电等可再生能源大规模发展的前景来看，对既有电力市场形成最大冲击的对象无疑就是火电，需要通过减少火电发电利用小时数，来为生产更多的风电提供空间。但无论对于可再生能源资源丰富还是不丰富的地区，按照当前的市场运行规则，在没有强制性要求的前提下，火电企业的发电计划指标都不可能为可再生能源电力做出实质性的让步，这直接导致了“全额保障性收购”实现起来难度极大。

总的来看，在现有以管理常规电力系统为主建立起来的电力体制及机制环境下，没有建立鼓励可再生能源发电“发”、“输”、“用”协调一致发展的机制，也难以独立形成支持可再生能源电力消纳的市场机制（见图5-4）。随着可再生能源电力规模的不断扩大，在当前的电力市场环境和体制下，现有的经济激励手段和各种缺乏约束力的政策措施已无法保障可再生能源电力顺利进入电力市场。

为了更好地鼓励可再生能源电力的发展，同时促进可再生能源“发电”、“输电”、“用电”环节的有效衔接，在当前的机制条件下，有必要通过对所有环节的主要参与者制定强制性的要求，以共同促进可再生能源电力的发展。从当前风电为代表的可再生能源发电面临的主要矛盾来看，解决风电上网和消纳困难是主要的目标。在这种情况下，有必要通过配额制的建立，将发输用有机结合在一起，其方式是通过对可再生能源电力消费主体、可再生能源电力输配主体和可再生能源电力生产主体提出可量化考核的强制性数量要求，从而达到落实“全额保障性收购”的目的。地方政府作为“电力消费主体”的可考核代表，承担完成一定比例的配额要求，电网公司作为可再生能源输配的主体，是地方政府配额指标的实施责任主体。虽然当前的固定电价政策已确保了可再生能源电力生产具有一定的吸引力，但从确保配额应具有一定的数量保障的角度出发，需要对一定规模的火电企业，按照承担一定社会责任的原则出发，提出一定比例的配额要求。

目前国家已经在制定单位GDP能耗降低目标的同时，提出要实施“合理控制能源消费总量”，将能源发展模式从“敞口供应”，转变为“天花板”限制供应的新兴模式，能源发展约束性指标，也从“强度”的单控，转变为“强度”和“总量”的双控模式。其中，在合理控制能源消费总量的总体思路中，其核心是控制以煤炭为主的化石能源消费，因而，宜将可再生能源从“合理控制能源消费”中的控制对象中剔除，从而将发展并消费可再生能源作为一项鼓励地方政府本地消纳可再生能源的动力。只有解决了发展的动力，才能充分挖掘各方面的潜力，切实落实“全额保障性消纳”目标得到实现。

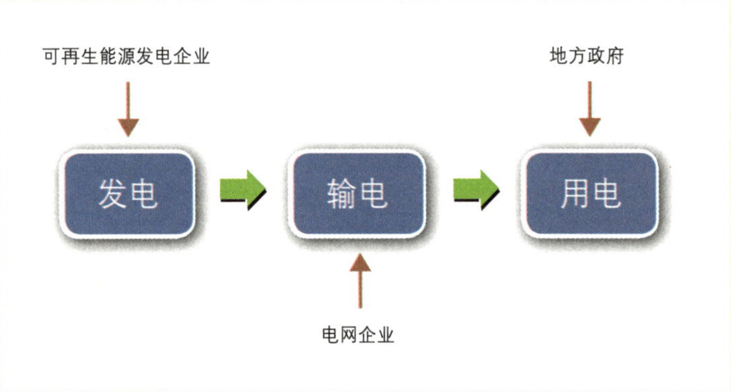

图5-4　可再生能源电力的生产消费过程

6 世界风电发展展望

2011年，日本福岛地震和海啸引发福岛核电站出现核泄漏事件，引发了全球各地、特别是日本和欧洲的反核呼声。这一事件直接引发德国议会通过了2022年德国全部退出核电的决定；也导致日本的核电站开始关停，日本境内所有核电站于2012年上半年关停。与此同时，全球各地核电站建设都受到了或多或少的影响。面对全球不断增长的能源需求，核电发展受阻将使可再生能源获得更多发展空间，不仅促成了德国提高对风电的补贴电价，在日本也促成了可再生能源法的出台和一系列风电项目的批准。对核电安全问题的担忧使得风电等可再生能源一时间获得了一些环保意识较强的国家的青睐。

另外，全球气候变化谈判始终没有清晰明朗的结果。尽管2011年年底南非德班会议同意延长《京都议定书》，然而《京都议定书》的各个附件一国家在2012年之后的量化减排指标尚未出炉，即2012年之后的市场购买力依旧充满变数，由此导致国际碳市场上价格一路下跌，整个碳交易市场持续处于低迷状态。碳价的下跌，将导致发展中国家风电项目投资回报率的下降，而碳市的低迷将削弱投资者投资风电场的信心，这无疑将会影响2012年全球风电市场的进程和分布。然而可喜的是，一些国家正在从国家层面上尝试建立国内排放贸易机制，如澳大利亚、韩国已建立国内排放贸易机制，中国也正在7个示范省市建立碳交易机制等，这些碳交易的机制，将在一定程度上提升投资者的信心，促进可再生能源的发展。

在欧洲，2011年蔓延欧洲的主权债务危机导致部分风电领先国家不得不开始削减对可再生能源的补贴。尽管风电的价格在过去5年内大幅下降，但是作为一项新技术，风电技术依然不可能在煤炭等传统化石燃料的环境成本未能内部化之前与传统化石能源竞争。当然，随着风电技术的进步，市场的不断扩展，风电机组的价格近年来不断下降。从长远来讲，风电与传统能源相比的竞争力将不断地显现出来。

核电受阻、碳市低迷、欧债危机、技术进步和成本下降等各种因素掺杂在一起，使得2012年风电发展的环境更加复杂多变。但从大方向上来看，清洁能源和新能源是大势所趋，是未来的潮流，而风电在各种可再生能源技术中相对比较成熟，受到更多国家的青睐，在全球正在不断拓展新的市场。同时随着风电技术的稳定，成本大幅度下降，提高了风电进入发展中国家的可能性。总体来讲，2012—2015年全球风电产业发展将呈现乐观态势。

6.1 全球风电发展趋势判断

从2007年以来，全球风电产业一度成为全球增长速度最快的产业，在相当长的一段时间里保持着近30%的高增长率。然而，过去2年间，2008年金融危机以及之后的经济危机所带来的滞后反应从2010年开始在风电产业显现，这一冲击特别显现在美国。2010年，受到金融危机的滞后影响和页岩天然气市场的冲击，美国市场遭受重创，尽管2011年稳步回升，但是仍无法恢复到受创前水平。美国PTC政策是否能够延续也使美国未来几年的风电发展成为全球最大的悬念。近2年来，欧洲市场的增长速度明显放缓，2010年和2011年的新增容量基本持平。亚洲虽然依然保持强劲增长，但是中国的发展速度也明显放缓，结束了每年翻番的增长阶段，进入平稳发展阶段。

纵观全球这三大核心发展区域不难发现，风电已经结束了其初期的高增长时期，进入平稳发展阶段。同时由于前几年风电产业的高速发展，吸引了很多投资者进入这一行业，这也导致了很多区域出现了产能过剩的情况，特别是在亚洲。在未来，当发展趋于平缓，产业内将可能出现更多的整合。

另一方面，随着传统市场进入平稳发展期，风电将更多地向新兴市场，特别是发展中国家的新兴市场扩张。从2010年以来，连续2年，风电在发展中国家的装机容量超过了经合组织国家。这一趋势在未来5年还会继续，并且发展中国家新兴市场将成为未来风电产业的新的增长点。

从整体发展趋势上看，根据全球风能理事会预测，未来5年间，全球风电年市场装机容量将有望从2011年年底的40.6GW 增长到59.24GW。在这5年间，全球风电市场年新增装机容量将以8%的平均速度增长，其中2012年增速最快，之后2013年受到美国市场的影响出现一个大幅下降。在2012—2016年的5年间，总的市场增量有望突破255GW，全球累计装机容量将达到493GW。 累计市场在5年间的增长水平约为16%，相较于过去15年的平均28%的增长速度，未来5年的累积市场增长速度明显在下滑（见图6-1）。

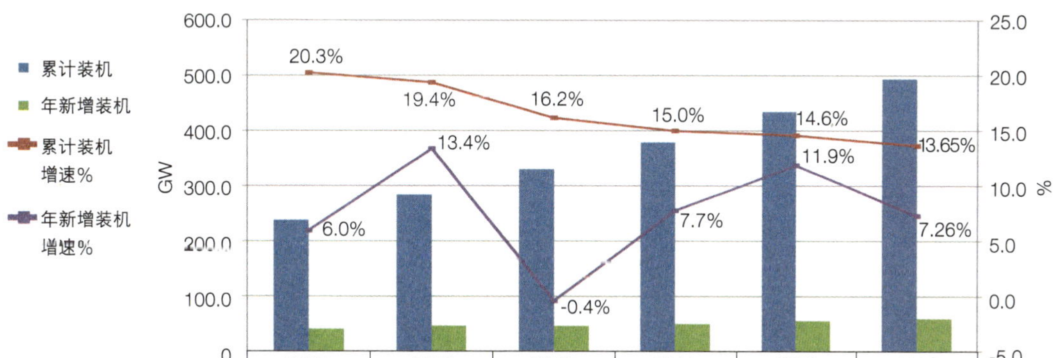

	2011	2012	2013	2014	2015	2016
年新增装机/GW	40.6	46.0	45.8	49.4	55.2	59.24
累计装机/GW	237.7	283.7	329.5	378.9	434.1	493.33
累计装机增速/%	20.3	19.4	16.2	15.0	14.6	13.65
年新增装机增速/%	6.0	13.4	-0.4	7.7	11.9	7.26

图6-1　全球累计和新增装机容量预测（2012—2016年）

数据来源：GWEC，*Globle Wind Report 2011*。

6.2 各区域风电发展展望

2012—2016年的5年间，全球市场依然由亚洲、欧洲和美洲主导，其他新兴市场开始稳步发展（见图6-2和图6-3）。2012年全球新增装机容量有望达到46GW，这一数字到2016年将有望达到59GW。全球累计装机容量到2020年有望超过493GW。

6.2.1 亚洲

根据全球风能理事会预测，亚洲将继续成为风电最大的市场。尽管未来5年的增长率会比之前5年略低。中国的风电发展进入平稳期，大约能够维持18GW的装机容量，到2015年前后有望达到20GW。亚洲最大的增长点将出现在印度，其2011年突破了3GW的年新增装机大关，到2015年有望达到5GW的年度市场。同时日本的风电发展，特别是海上风电也有望大幅提高。另外，韩国在未来5年也将在海上风电发展领域有较大的动作，特别是到2014—2015年。

亚洲其他地区，如东南亚的发展一直裹足不前，越南、菲律宾和泰国这三个国家拥有非常良好的风能资源，促进风电的政策框架也在一定程度上有所出台，然而迫于国内经济、投资环境等诸多原因，这些国家的发展一直甚为缓慢。但是我们也期望到2015年这些国家的发展会有一些改进。这3个国家中，越南的发展潜力最大，政策框架也相对完善。越南于2011年出台了固定电价政策。在越南国内出现的风电项目融资困难的背景下，风电电价水平显得略低，然而政府不断出台各种政策协助吸引风电行业的投资。泰国相对来说也有较为完善的政策制度框架。唯一美中不足的是，其风资源状况相对较差，大部分可以开发风电的区域都是三类风资源地区，然而由于政府大力的支持，泰国风电有望在未来几年出现蓬勃发展势头。菲律宾拥有良好的风资源，然而其固定电价制度在经历1年多的时间后依然未能出台。这一情况很大程度上反映出菲律宾能源领域各政府部门之间互相掣肘，协调困难的困境。然而一旦固定电价制度出台，则菲律宾风电发展将呈现一个蓬勃发展的势头。

综上所述，2012—2016年，亚洲的总新增装机容量有望达到118GW，累计装机容量达到200GW。亚洲将成为全球最大的风电装机市场，高于欧洲30%，高于北美洲约100%。

6.2.2 欧洲

欧洲市场基本保持稳定，2012年会稳定在每年10～11GW，之后每年稳步上升。海上风电的发展也比较稳定，在未来的欧洲风电市场中将扮演一个更重要的角色。到2016年，欧洲海上风电将能够达到当年总装机容量的20%。欧洲市场2012—2016年，新增总装机容量约为65GW，累计装机容量将有望达到160GW。

6.2.3 北美洲[①]

北美洲在2012年将经历一个强劲的增长，特别是美国的PTC将要到期，因此美国会在今年经历一个高增长，2012年北美洲的年新增装机容量有望超过10GW。而2013年经历了2012年的高增长后会出现一个很大的低谷，从2014年后开始缓慢回升。加拿大风电装机将稳步增长，到2015年有望达到10GW。墨西哥也会呈现强劲的增长，有望实现2020年12GW的目标。总体来讲北美洲到2016年新增总装机容量约为50GW，累计装机容量为100GW。

6.2.4 拉丁美洲

到2016年，这一区域的累计装机容量有望达11GW，新增装机容量总和将达到8.6GW。拉丁美洲增长被巴西拉动，巴西在未来5年中至少将成为本地区风电增长的主力军。我们估计未来5年拉丁美洲8.6GW的新增装机中，约3/4来自巴西。智力、阿根廷、乌拉圭和其他小的拉丁美洲市场也会有所贡献。阿根廷现任政府在能源市场化方面出现了政府强势干预，例如2012年春季将最大的电力公司收归国有，这些举动在很大程度上给电力市场造成了一些影响，很多风电领域私人投资者因此对阿根廷市场望而却步。这一情况为阿根廷市场未来几年的发展带来了不确定性。与此对照，智利成为拉丁美洲继巴西之后的另一个具有潜力的市场。智利约有40GW的风电开发潜力，一项被称为“Law20/20”的新的立法目前正在酝酿之中，其中设置了20%的可再生能源发电的目标，如果获得批准，那么到2020年智利将有4.5GW可再生能源电力，包括在未来9年将要开发的2GW风能项目。

6.2.5 非洲和中东地区

该地区在未来5年内新增装机容量有望突破8GW，累计容量可能达到10 GW。

2011年非洲和中东地区的风电发展没有特别明显的推进，特别是在席卷阿拉伯国家的社会运动的大背景下，这包括了曾经是主要风电发展市场的埃及、摩洛哥、突尼斯。我们期待埃及和摩洛哥在2012年会重返正轨，向着它们分别预定的国家风电发展目标前进。另外在埃塞俄比亚、肯尼亚、坦桑尼亚未来5年将有新的风电项目并网发电。

该地区主要的风电发展在南非，一个非常重要的风电市场看上去终于上路了。2011年12月公布的累计装机达634MW的风电项目可能在2012年年底并网发电。南非风电市场2012—2016年预计每年增加400MW的装机容量。总体来说，未来5年，我们估计有超过8GW的风电项目在非洲和中东地区安装，从而使本地区累计装机量几乎达到10GW。

6.2.6 大洋洲

澳大利亚在新的排放贸易机制下可能会有长足的发展，同时新西兰虽然市场很小但是却可以保持稳健的增长。未来5年，这一地区有望实现5GW的增长，累计容量达到8GW。

①北美洲的统计包括墨西哥。

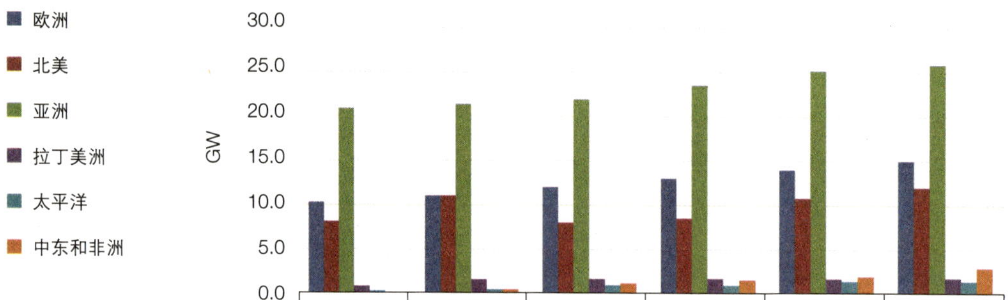

	2011	2012	2013	2014	2015	2016
欧洲	10.3	11.0	12.0	13.0	14.0	15.0
北美	8.1	11.0	8.0	8.5	10.8	12.0
亚洲	20.9	21.4	22.0	23.6	25.2	25.9
拉丁美洲	0.9	1.6	1.7	1.7	1.7	1.8
太平洋	0.3	0.5	1.0	1.0	1.5	1.5
中东和非洲	0.1	0.5	1.2	1.6	2.0	3.0

图6-2　区域年新增装机容量（2012—2016年）

数据来源：GWEC，*Globle Wind Report 2011*。

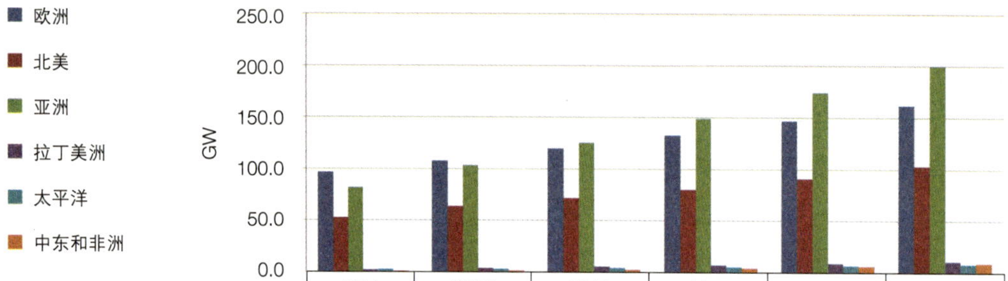

	2011	2012	2013	2014	2015	2016
欧洲	96.6	107.6	119.6	132.6	146.6	161.6
北美	52.7	63.7	71.7	80.2	91.0	103.02
亚洲	82.0	103.4	125.4	148.9	174.1	200.04
拉丁美洲	2.3	3.9	5.6	7.3	9.1	10.89
太平洋	2.9	3.4	4.4	5.4	6.9	8.36
中东和非洲	1.1	1.6	2.8	4.4	6.4	9.42

图6-3　区域风电累计装机预测（2012—2016年）

数据来源：GWEC，*Globle Wind Report 2011*。

6.3 国际合作与竞争

由于技术水平、资源禀赋、政策法规、能源结构、能源需求、人才培养等影响因素的不同，世界各国的风力发电产业也千差万别，再加上全球化带来的专业细分，使得全球各国在风电领域开展国际合作愈发必要，意义愈发重大。因此，未来风电领域的国际合作将日益加强和增多。尤其是在世界陷入经济泥潭，欧美经济复苏乏力的背景之中，这种国际合作对于风电行业的健康持续发展具有不可低估的现实意义和长远的历史意义，不仅是推动全球风电产业进步的重要力量，也是一股推动全球经济复苏的新兴力量。未来风电产业的国际合作将呈现以下几个趋势。

6.3.1 合作形式趋于多样化，内容更加丰富，参与方更多

全球风电产业经过多年的发展，出现了一批风机制造商巨头和风电场开发商巨头，涌现了一大批专业服务公司。但各个国家和地区的发展水平不尽相同，强弱差别很大。由此决定了国际合作形式多元化，合作内容更加丰富多彩。合作形式包括能力建设、技术咨询、技术转移、合资经营等，合作内容包括：风资源评估、可行性研究报告编制、微观选址、风电场建设运营、海上风电场的开发建设运营、提供售后服务等，合作对象包括：政府、企业、NGO、多边机构等。

6.3.2 陆上风电短期内以风电场开发为主要合作形式，逐步过渡到合作生产风机

相对于风机制造，建设风电场更简洁，要求较低，并且见效快，实用性强，能够很快为新兴市场提供绿色电力，因此是新兴市场和传统市场都乐于接受的合作方式。目前，新兴市场主要分布在拉美、非洲、印度等国家和地区，这些地区和国家拥有丰富的风力资源，但却缺乏开发风电场的硬件和软件设施，而传统市场国家拥有先进的风机制造技术，丰富的建设运营经验，高素质的专业人才，大量的资金，两者优势互补，通过合作，可以实现完美的结合。可以预见，美国、德国、丹麦、印度、西班牙和中国的风机制造商将会走出国门，在拉美、非洲、澳洲建立风电场。

但是从长期来看，传统市场将从降低运输成本和生产成本考虑，把已经成熟的技术转移到新兴市场，传统市场和新兴市场的合作将由建立风电场转向技术转移和风机制造。这种合作方式，新兴市场可以获得技术，进行消化吸收和创新，并能创造更多的就业机会和财政收入。而传统市场既保持了技术上的领先性，又能通过技术转移获得丰厚的经济回报。

6.3.3 海上风电将成为风电合作的热点

海上风电逐渐成为开发热潮，但海上风电对技术水平、人员素质、施工环境、运营维护等方面都有更高的要求，世界各国都不是很成熟，还处于经

验积累的阶段，国际合作是海上风电发展的必由之路。海上风电的技术含量高，除了风机本身的设计制造技术，还包括海上平台建设、吊装、运输、运营等。此外，还要考虑电价、风机的选址、对气候条件的适应，甚至大规模应用对生态气候的影响等不可预见的因素。海上风电的发展需要长期的实践检验和经验积累，要不断完善技术性能，在技术逐步成熟的基础上实现规模化应用，减少由于技术因素带来的损失。尤其是人才培养已成为海上风电的当务之急。目前全球对风电产业人才的培养速度和规模均滞后于产业的发展，海上风电的发展需要一批高端人才支撑，只有在全球范围内进行教育和人才资源的整合，才有可能在短期内培养一大批适应产业发展的人才队伍。因此，海上风电的人才培养和国际合作将成为热点。

竞争与合作是矛盾的统一体。在国际合作的同时，全球范围内风电的竞争也是永恒的话题。随着传统市场的日趋稳定和新兴市场的逐渐兴起，风电领域的竞争也呈现出新的特征。

6.3.3.1 贸易保护主义加剧，特别是为中国出口产品设置重重壁垒

中国装备制造企业在全球市场份额快速增长，在世界销售排名前十名中占据四席，但市场空间绝大部分在国内，中国风机制造业产能已经过剩，迫使中国风机产品走出国门，走向海外。另一方面，国家能源局对风电场开发实行备案，有效控制风电装机容量的增速，产能过剩和国内市场需求不足的矛盾迫使中国众多风机制造企业走出国门。但是进军国际市场的时机虽然已经成熟，但从国际政治经济环境上讲，受金融危机等因素影响，一些西方国家贸易保护主义不断加剧，特别是为中国出口产品设置重重壁垒，中国制造已成为最大受害者，应对双反（反倾销和反补贴）将是中国风机制造业长期需要解决的问题。

6.3.3.2 风电设备制造企业之间的兼并、重组、收购愈演愈烈

金风科技收购了德国Vensys公司，湘电股份收购荷兰达尔文公司，中复连众收购了德国NOI公司，中航惠腾收购了荷兰CTC叶片公司。美国通用与哈电集团合资成立了通用哈电风能（沈阳）公司和哈电通用风能（江苏）公司。西门子与上海电气进行战略合作，华创风能并入大唐集团等。全球主要风机制造商通过兼并、重组和收购，布局全球，抢占市场份额。

6.3.3.3 风机制造向电网友好型技术方向发展

风电由于间歇性和不稳定性，给电网的接受和消纳带来了挑战，增加了电网的风险和运行成本。在全球风机产能过剩的情况下，风机是否更有利于电网接受消纳输送风电，即是否电网友好成为风电场开发商选择风机的重要指标之一，由此导致风机制造商在提高单机功率的同时，更加注重向电网友好型技术方向发展。

6.3.3.4 量身定做和优质的售后服务成为新的竞争方式

世界各地风资源丰富程度不一样，气温等自然条件也相差甚远，为了使风机在买方市场的情况

下，能占据更多的市场份额，风机的质量就成为竞争的核心。单机功率大、发电效率高、耐极低气温、低风速发电，这些都成为风机竞争的新趋势。另外，由于风机在运行中会出现各种各样的问题，良好的售后服务也成为风机制造商增加竞争力的有效手段。

6.4 风电与气候变化

1992年6月在巴西里约热内卢举行的联合国环境与发展大会上，150多个国家制定了《联合国气候变化框架公约》（简称《公约》）。《公约》的最终目标是将大气中温室气体浓度稳定在不对气候系统造成危害的水平。《公约》是世界上第一个为全面控制二氧化碳等温室气体排放，应对全球气候变暖给人类经济和社会带来不利影响的国际公约，也是国际社会在应对全球气候变化问题上进行国际合作的一个基本框架。据统计，目前已有超过192个国家批准了《公约》，这些国家被称为《公约》缔约方。

《公约》于1994年3月生效，奠定了应对气候变化国际合作的法律基础，是具有权威性、普遍性、全面性的国际框架。《公约》要求发达国家作为温室气体的排放大户，采取具体措施限制温室气体的排放，并向发展中国家提供资金以支付他们履行公约义务所需的费用。发展中国家则不承担具有法律约束力的限控义务。

1997年12月在日本京都由联合国气候变化框架公约参加国三次会议制定了《京都议定书》，其目标是“将大气中的温室气体含量稳定在一个适当的水平，进而防止剧烈的气候改变对人类造成伤害”。《京都议定书》于1998年3月16日至1999年3月15日开放签字，共有84国签署，条约于2005年2月16日开始强制生效，并规定签署《京都议定书》的“附件I”国家可以通过三种途径履约：排放贸易、联合履约、清洁发展机制。而温室气体的减少可以从源头减少（碳减排），也可以产生后再消除（碳汇）。

风电作为清洁能源，是碳减排的有效途径之一，是抵御气候变化的卫士。风电与减缓气候变化相辅相成，互助前行。自从《京都议定书》于2005年生效以来，全球的风电在碳减排指标收益的激励下，呈现出了快速发展的局面。对于《京都议定书》“附件I”国家，风电产生的减排指标可以有效弥补配额的不足，降低减排的成本。在《京都议定书》的“非附件I”国家，诸如中国、印度、巴西等国家，风电项目产生的碳减排指标可以为风电场带来不菲的收入。以一个装机容量为50MW的中国风电项目为例，其减排量大约为10万t/a，按照10欧元/t计算，则每年减排收益约为100万欧元，相当于电价提高了0.08～0.1欧元/kWh，大大提高了风电项目的投资回报率，提升了风电领域投资者和开发商的信心。事实上，从2005年以来，中国、印度、巴西、墨西哥等发展中国家的风力发电项目都进行了CDM项目申请，截至2012年4月19日，全球处于进程中的CDM项目共有8 128（包含正在注册过程中的项目和已经注册成功的项目），其中风电为2 172个，占比26.7%。在中国，风电CDM项目共计1 215个（包含正在注册过程中的项目和已经注册成功的项目），在3 548个各类CDM项目中，占比34.24%。气候变化治理给风电带来了发展机遇，而风电也以提供清洁电力有效地进行了减排，减缓了气候变化，全球2 172个风电项目预计在2012年12月31日之前，能减少3.3亿t温室气体排放，已有361个项目获得了共计6 218.9万t的减排量。中国的1 215个风电项目将于2012年12月31日之前累计减排温室气体排放2.46亿t。可以看出，风电为全球气候变化做出了巨大贡献。

目前，全球碳市场因为各种原因处于低迷，因此势必会影响到风电项目的开发和风电行业的发展速度，但减缓气候变化的工作仍会继续，风电作为减少温室气体排放的有效手段，仍从减排中受益，将继续在减排中扮演重要角色，以2011年全球风力发电装机为237 669MW来计算，年发电小时数按1 800h计算，每年全球风电将会减少温室气体排放约4亿t，为全球减缓气候变化做出巨大贡献。

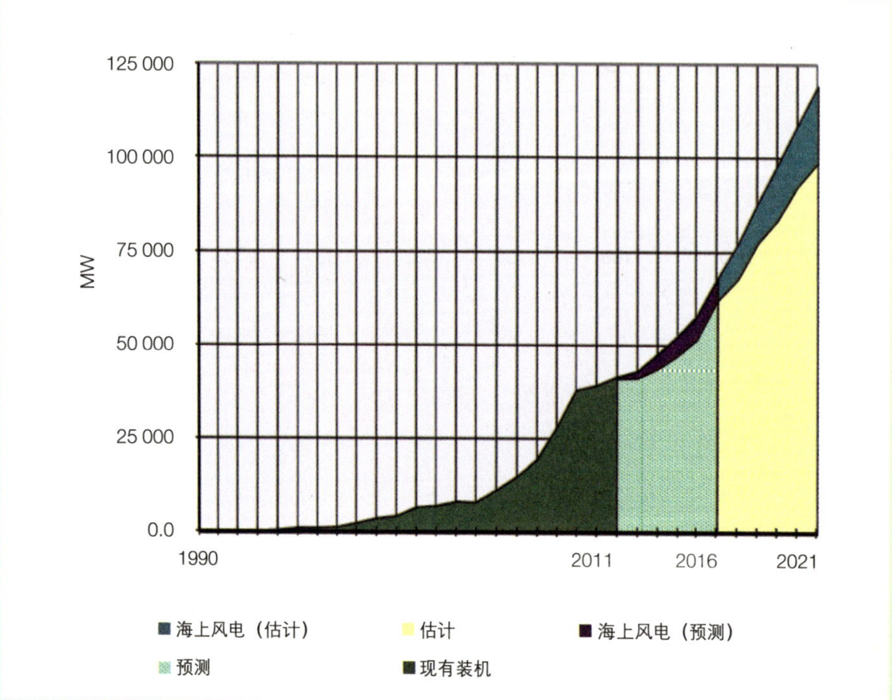

图6-4　全球风电装机及预测

数据来源：BTM Consult—A part of Navigant Consulting，World Market Update 2011。

表6-1　全球海上风电预测（2012—2016年）

	2011年累计装机容量/MW	2011年新增装机容量/MW	2012—2016年预测（只包括海上风电）					2012—2016年增加的装机容量/MW	2016年年底累计装机容量/MW
			2012	2013	2014	2 015	2016		
比利时	195	0	148	220	144	165		677	872
丹麦	833	0	150	250		200		600	1 433
芬兰	0	0				50	150	200	200
法国	0	0			240	300	100	640	640
德国	198	30	200	1 619	1 550	2 236	1 315	6 920	7 118
爱尔兰	25	0		150	214			364	389
荷兰	247	0			229	100		329	576
挪威	2	0	22	3			200	225	227
西班牙	0	0						0	0
葡萄牙	2	2						0	2
瑞典	163	0		234	165	300	1 140	1 839	2 002
英国	2 105	330	1 049	875	1 214	1 050	240	4 428	6 533
欧洲总计	3 770	362	1 569	3 351	3 756	4 401	3 145	16 222	19 992
加拿大	0	0				132	264	396	396
美国	0	0	5		30	156	312	503	503
中国	210	108	150	550	1 250	1 550	1 700	5 200	5 410
韩国	0	0			100	200	200	500	500
其他国家（亚洲）	0	0		2	13	17	200	232	232
其他总计	210	108	155	552	1 393	2 055	2 676	6 831	7 041
全球总计	3 980	470	1 724	3 903	5 149	6 456	5 821	23 053	27 033
全球海上风电占风电比例			4.00%	8.20%	0.80%	11.10%	8.50%	9%	5%
累计装机/MW	3 980		5 704	9 607	14 756	21 212	27 033		

数据来源：BTM Consult—A part of Navigant Consulting，World Market Update 2011。

参考文献

[1] GWEC．Globle Wind Report 2011．

[2] 中国气象局．中国风能资源评估2009．2010．

[3] 中华人民共和国可再生能源法（修订版）．2010．

[4] 李俊峰，等．风光无限：中国风电发展报告2011．中国环境科学出版社，2011．

[5] 风能．2012．

[6] 国家发改委能源所，IEA．中国风电发展路线图2050．2011．

[7] BTM Consult-A part of Navigant Consulting, World Market Update 2011．2012．

[8] cdm.unfccc.int．

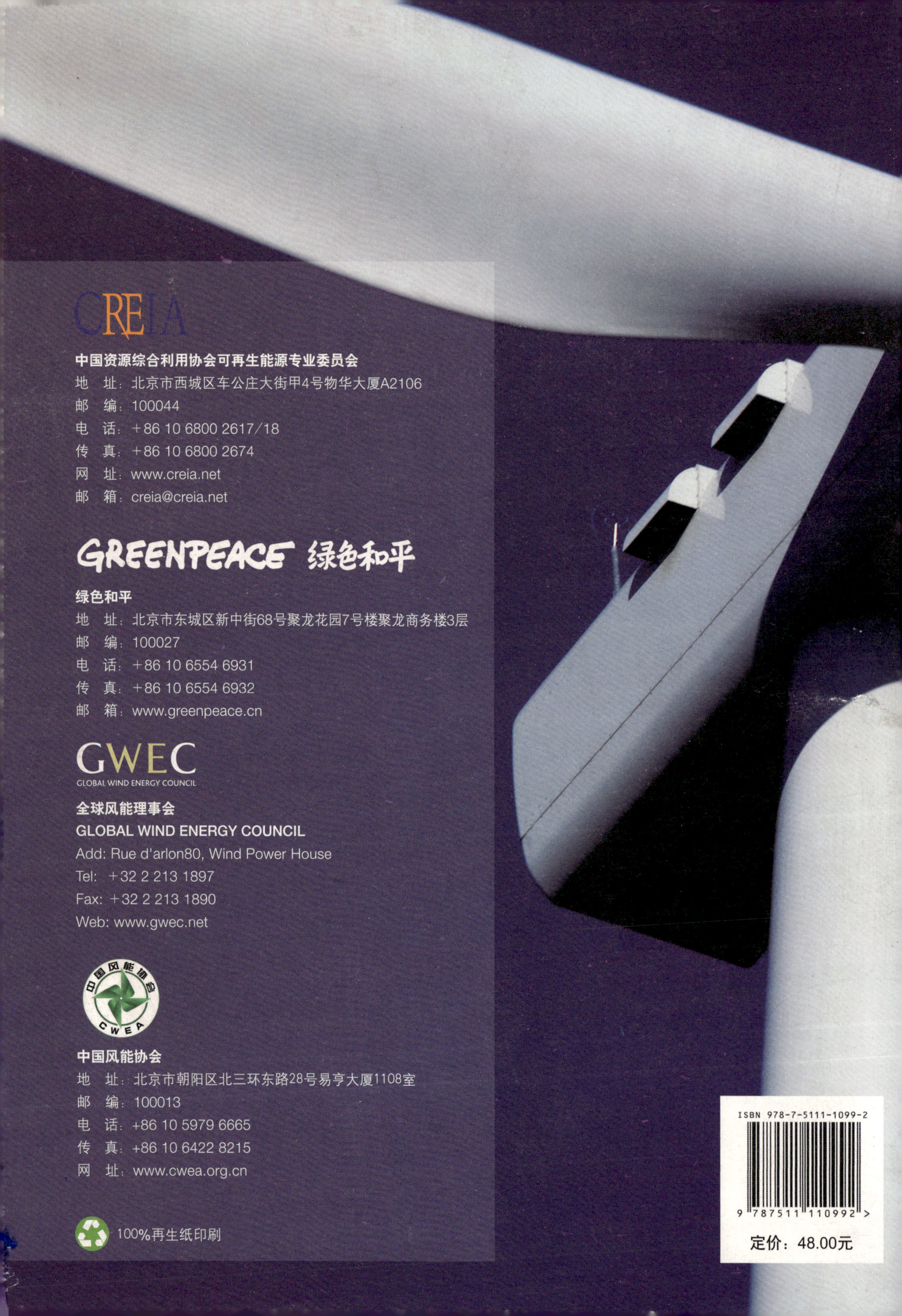

CREIA

中国资源综合利用协会可再生能源专业委员会

地　址：北京市西城区车公庄大街甲4号物华大厦A2106

邮　编：100044

电　话：+86 10 6800 2617/18

传　真：+86 10 6800 2674

网　址：www.creia.net

邮　箱：creia@creia.net

GREENPEACE 绿色和平

绿色和平

地　址：北京市东城区新中街68号聚龙花园7号楼聚龙商务楼3层

邮　编：100027

电　话：+86 10 6554 6931

传　真：+86 10 6554 6932

邮　箱：www.greenpeace.cn

GWEC

GLOBAL WIND ENERGY COUNCIL

全球风能理事会

GLOBAL WIND ENERGY COUNCIL

Add: Rue d'arlon80, Wind Power House

Tel:　+32 2 213 1897

Fax: +32 2 213 1890

Web: www.gwec.net

中国风能协会 CWEA

中国风能协会

地　址：北京市朝阳区北三环东路28号易亨大厦1108室

邮　编：100013

电　话：+86 10 5979 6665

传　真：+86 10 6422 8215

网　址：www.cwea.org.cn

100%再生纸印刷

ISBN 978-7-5111-1099-2

9 787511 110992 >

定价：48.00元